孫文　華僑　神戸

安井　三吉

はじめに

今年二〇二四年の神戸は、神戸（日本）とアジア、さらには世界との関係を考えるきっかけとなるであろう二つの記念日を迎えています。

一つは、二月一八日、すなわち神戸の生んだ著名な文学者陳舜臣さんの生誕百年の日です。陳さんは一九二四（大正一三）年の二月一八日、神戸で生まれ、二〇一五年一月二一日、九〇年の生涯を閉じました。彼はその多彩な作品だけでなく生涯を通じて私たちがアジアや世界を考えるうえでの沢山の糧を遺してくれました。

もう一つは、一一月二八日、近代中国の革命家孫文が、神戸で有名な「大アジア主義」の講演を行ってから百年の日です。孫文は一九二四年一一月二八日、兵庫県立神戸高等女学校で、二千とも三千とも言われる市民に向けて「大アジア主義」の講演を行いました。そして、翌年三月一二日、「革命なお未だ成功せず」という言葉を遺して波乱の生涯を閉じましたが、西方の「覇道」か、東方の「王道」か、日本はどちらを選ぶのかという問いかけは、二一世紀の今日なお依然重要な設問として私たちの前にあります。

本書は、主にこれまでに私が発表してきた論文や追悼文などからなっています。ですから、それぞれの文章は、最後の一文を除きこの二つの百年を記念して書いたものではありませんが、それらを一書にまとめることによって、より広い視点に立って、陳舜臣さんと「大アジア主義」講演の今日的意義を考える一つの素材を提供できるのではないのかと思っています。

本書は、序章と三つの章からなっています。

序章では、一八九五年一一月の孫文と神戸の最初の出会いを読みもの風に書いています。

第一章は、孫文は一八九五年から一九二四年の三〇年間に一八回も神戸を訪れていますが、その孫文を、神戸の人々、華僑や市民はどのように迎えたのでしょうか、その歴史に関わるものです。

第二章は、孫文との波乱に満ちた交流の歴史を、神戸の人々、華僑と市民は今日に至るまで大切にしてきました。なぜでしょうか、どのようにしてでしょうか？　その歩みを、先人たちへの追悼文をもとに辿ってみました。今日と明日を考えるきっかけとしていただければと願うものです。

第三章は、この一年、陳舜臣さん生誕一〇〇年記念のプロジェクトにかかわる中で、私なりに学んできたことを、特に、陳舜臣さんの孫文に対する見方の推移を中心に、ノートとしてまとめてみたものです。まだ試論にすぎません。是非ご意見をお聞かせ下さい。

収録した文章は、発表の時期も発表の場も異なるものです。今回、このようにまとめるにあたり、出来るだけ重複をさけ、書き方を統一し、さらには読みやすくするために注記を可能なかぎり減らしました。典拠などを確認されたい場合は、お手数ですが初出の文章に当って下さるようお願いします。

本書は、孫文・華僑・神戸の通史を企図するものではありません。また、「大アジア主義」講演に関する論文はありませんが、これについては、この秋刊行の愛新翼・西村成雄編『孫文・講演『大アジア主義』資料集Ⅱ』（法律文化社）を是非ご覧下さい。

以上の点についていっそう理解を深めたい方は、次の本を参考にしていただければ幸いです。

①陳徳仁・安井三吉『孫文と神戸』補訂版（神戸新聞総合出版センター、二〇〇二）

②神戸華僑華人研究会編『神戸と華僑　この一五〇年の歩み』（神戸新聞総合出版センター、二〇〇四）

③中華会館編『落地生根—神戸華僑の百年と中華会館』増訂版（研文出版、二〇一三）

④陳徳仁・安井三吉編『孫文・講演『大アジア主義』資料集』（法律文化社、一九八九）

⑤呉宏明・高橋晉一編『南京町と神戸華僑』（松籟社、二〇一五）

⑥移情閣（孫文記念館）友の会編『孫文と神戸を歩こう』（孫文記念館、二〇二三）

⑦安井三吉「神戸華僑聯誼会史綱（一九五七～一九七六）」（戦後神戸華僑関係資料を読む会編『読資会報告書Ⅰ　戦後神戸華僑史の研究』神戸華僑歴史博物館、二〇一八、非売品）

⑧神阪京口述記録研究会編『関西華僑の生活史』（松籟社、二〇二四）

◎目次

序章

誰も気づかなかった孫文最初の来神——一八九五年一一月

広島丸の三人の男たち

一八九五（明治二八）年一一月九日、一隻の貨物船が神戸港に入着した。その船は、日本郵船の広島丸といい、四年前にイギリスで建造されたもので、総トン数三二七六トン、当時としては大型の貨物船だった。

インドのボンベイ（ムンバイ）に向けてここを出発したのは、たしか九月二日だったはずだ、およそ七〇日の航海となったわけだが、まあ、順調な旅だったなあ、と少し冬支度をはじめた六甲の山々を眺めながら船長のアンダーソンは思った。これからまだ、積荷を下して横浜まで行かなければならないが、この日和なら航海はもう終ったとみてよかった。

そうした安堵の気持ちにふっと引き込まれそうになったアンダーソンではあったが、一方で、心の片隅に何かしらひっかかるものがあるのを感じないわけにはいかなかった。その一つは、香港から突然乗り込んできた三人の中国人のことだ。

日清戦争勃発とともに、清国在神戸理事府（領事館）の鄭孝胥《ていこうしょ》はもとより、神戸にいた多くの中国人は帰国していったが、その彼らも戦争が終わるや次々と神戸に戻ってきていることを、アンダーソンは聞いていた。だから、三人のことをことさら気にするまでもなかったのだが、あの面構えの厳しさは、何からくるのだろうか、彼らは一体何者なのか、と思わないわけにはいかなかった。

アンダーソンにとってもう一つの気がかりは、ほかならぬ積荷のことであった。それは、彼が広島丸という日本の船の船長を勤めているということに直接かかわる問題であった。

インド棉花とともに

広島丸が、はるばるボンベイから運んできた積荷とはインド棉花である。今ならさしずめ中東の石油にも匹敵する、などと言えばいささかオーバーになるが、当時の日本資本主義にとってそれは必要不可欠の原料となっていたのである。

新興日本資本主義の旗手、紡績資本にとって日本国内と中国市場における当面のライバルはインド綿糸であった。日本の紡績業にとってこのインド綿糸に対抗するためには、まず、品質、価格の両面で手頃な棉花を確保することが先決であった。

当時、インド─日本間の貿易は、もっぱら外国船、P＆O（英国汽船会社、Peninsular & Oriental Steam Navigation Company）、オーストリア・ロイド、イタリア郵船の三社による「海運同盟」

によって完全に牛耳られ、運賃は「同盟」の思いのままに決められていた。また、インドの紡績資本も、棉花商と結び、棉花をわざわざ香港に陸揚げさせ、それから日本に運ばせるというようなやり方で価格をつり上げていた。日本の船でインド棉花を運ぶ、これは日本の紡績資本にとって何としても実現しなければならないさしせまった課題であった。また、それは、遠洋航路開拓に意欲を燃やしていた日本郵船の方針とも一致するものであった。

幸いなことは、この件についてはインドのタタ・サンズ商会の協力が得られたということである。タタは、一八九一年に神戸に支店を開き、インド棉花売込みに当っていたが、九三年五月、J・N・タタが来日、渋沢栄一らとボンベイ航路について協議を重ね、渋沢はこれを踏まえて日本郵船に航路開設を積極的に働きかけた。こうして同年一〇月二八日、日本郵船と紡績連合会の間で、ボンベイ航路開設についての協定が結ばれるに至った。郵船が年三万俵以上の棉花積み取りのための配船を、紡績連合会が年五万俵以上の棉花積み出しを相互に保証しあうというもので、タタも、原棉の供給、配船に協力を約し、その結果三週一回、三千トン級以上の配船が可能となった。

一八九三年一一月七日、広島丸は神戸港を解纜、一路ボンベイへと最初の航海に旅立った。これは日本の遠洋定期航路の始まりの日でもあった。この日、紡績連合会幹部の面々は、大阪商船加茂川丸を借り切って広島丸に乗り込み、歓送式に参列した。

「……我綿糸紡績工業の発達進歩は、永く本邦をして海外の航海権を他に委せしむるを許さず。終に本邦孟買《ボンベイ》間の航路を開始し、日本郵船会社は進んで其衝《しょう》に当り、海外に航海の権を有するの端緒を開くに至れり……」（『神戸又新日報』一八九三年一一月八日）

これは、広島丸船上で読み上げられた同連合会委員長佐伯勢一郎の祝詞の一節である。加茂川丸の一行は「和田岬を去る一哩許《マイルばかり》の処」まで広島丸を見送ったという。

さて、P&Oなど「同盟」の脅かし、妨害はすさまじかった。とくにP&Oにとっては独占的航路であっただけに、新たな競争相手の出現は、何としてでも食い止めなければならなかった。彼らは、棉花については運賃のダンピングを強行するなど、郵船に対して猛烈な圧力をかけると同時に、ボンベイのインド商社に対してもさまざまな圧力を加えた。このためタタは、一八九五年二月、ついに郵船との協力関係から撤退することを余儀なくされた。しかし郵船は、それまでの上海寄港をやめて航海日数の短縮をはかるなどしてこれに対抗し、紡績連合会もP&Oの船の利用を拒否するなど両者は結束して「同盟」と闘った。

そんないきさつについてアンダーソンは、知らないわけではなかった。勃興しつつある日本資本の立場については、彼も一応理解はしていたものの、ほかならぬP&Oのライバルである郵船の広島丸の船長を勤めていることで、やはり自分が白人であることを意識しないわけにはいかなかったのである。

もっとも、日本に戻ったばかりのアンダーソンはまだ知らなかったが、丁度同じ頃、P&Oは日本の外務省を介して郵船との和解を申し入れていたのである。その結果、翌一八九六年五月、郵船はP&O他二社と和解の契約を結ぶに至った。郵船と新興日本紡績資本はもう一つの海の戦いにおいて勝利を収めたのである。

韃虜を駆除し、中華を恢復せよ

一八九五年の重陽《ちょうよう》の日（旧暦九月九日）、すなわち一〇月二六日を決起の日と定めて、孫文は、興中会（中華再興の会）員を中核に綿密な準備を進めてきたが、それは事前に両広総督譚鍾麟《たんしょうりん》の察知するところとなり、結局、一発の銃弾を発する間もなく、最初の蜂起は完全な失敗に帰してしまった。孫文は、ただちに、同志たちに対して計画の中止を伝えたが、事はすでに動き出していた。香港から広州へ、蜂起に参加する人員を乗せた泰安号はすでに出発してしまった後であった。広州で待ち受けていた当局によって一網打尽、多くの同志が逮捕され、苦労して集めた武器・弾薬も一切が没収されてしまった。

孫文は、しばらく広州に潜伏した後、小舟で故郷の香山県翠亨《すいこう》村に近い唐家湾に上陸、そこから轎にかつがれて澳門《マカオ》に逃れた。澳門といえば、彼には苦い思い出があった。三年前西医書院（The

College of Medicine for Chinese）を卒業して、中西薬局という看板の薬局兼医院を開き、中国人の間ですこぶる評判をかちえた所、これをねたんだポルトガル人医師たちの策動により当局から営業停止を命ぜられ、やむなく広州に移らなければならなくなったのである。その澳門からさらに船で香港に辿りついたのは、一〇月二九日のことであった。

香港は、一八四〇～四二年、五六～六〇年の二度のアヘン戦争の結果、対岸の九竜も含めイギリスの完全な支配下におかれていた。イギリスはさらに九八年、香港境界拡大協定によって新界地域を九九年の期限付きで租借し、そこで今日の香港が形作られるのだが、それはいましばらく後のことである。いずれにせよ、澳門と同様、清朝の官憲がここまで自分たちを追って直接乗り込んでくるといった心配はまずなかったが、イギリス人の香港総督が、自分たちの滞在を厄介視するであろうことは、ある程度予測しておかなければならなかった。すでに香港に逃れてきていた鄭士良（一八六三～一九〇一）、陳少白（一八六九～一九三四）と協議した結果、西医書院時代の恩師カントリー（James Cantlie）の友人で弁護士をしているデニス（Dennis）の意見を聞いてみようということになった。デニスの意見は、

「今回のような政治犯の問題は、これまでに例がないので、

孫文（1866～1925）
（孫文記念館蔵）

実際にどのような扱いになるのか、自分にもよくわからない。しかし、いずれにしても、このまま香港に滞在しつづけることは無理だろう。いまのうちに、どこか外国に行った方がよい」

というものだった。

三人は、直ちに香港を去ることを決断した。まず船の手配が第一である。その晩香港から外国へ向けて出発する船としてはベトナム行きのが一隻あったが、問い合わせてみると貨物船で、旅客用の空席はないとの返事であった。そこでさらに、あちこち調べてみると、明日の朝、日本に帰る広島丸という船なら、四人分の空席があるということがわかった。三人はただちに切符を求め、出国の準備にとりかかった。

こうして一一月二日、三人の中国人を乗せた広島丸は、錨を揚げ、一路神戸を目指して出発した。英語のできた孫文は、積荷がボンベイからの棉花であることにはすぐ気付いていたが、この棉花が、自らの祖国にとって、またこれから向かう国日本にとって、いかなる歴史的意味をもつ商品なのか、そこまで思いを巡らす余裕はなかった。これで一安心という気持ちの一方、前途についての不安、残して来た同志たち、とくに僚友の陸皓東《りくこうとう》の安否の事が、彼の気持ちを重たくさせていた。うまく逃げてくれ、そう念ずるほか船上の孫文にはなすすべはなかった。

陸皓東は、一一月七日、清朝打倒を敢然と宣言した供述書をしたためた後、刑場の露と消えた。弱冠二七歳、壮烈な最後だったという。

〝広東暴徒巨魁〟

一一月九日、広島丸は神戸港に到着した。鄭士良と陳少白にとって日本という国は、まったく未知の世界に属していた。孫文は、昨年（一八九四年）一一月、ホノルルで興中会を結成、その帰途横浜に寄港したことはあったが、日本の土を踏むのは今回がはじめてである。もっとも孫文は、ハワイで、自由党の菅原伝（一八六三〜一九三七）と、今年三月、香港で写真屋を開いていた梅屋庄吉（一八六九〜一九三四）と知り合っていたから、日本について

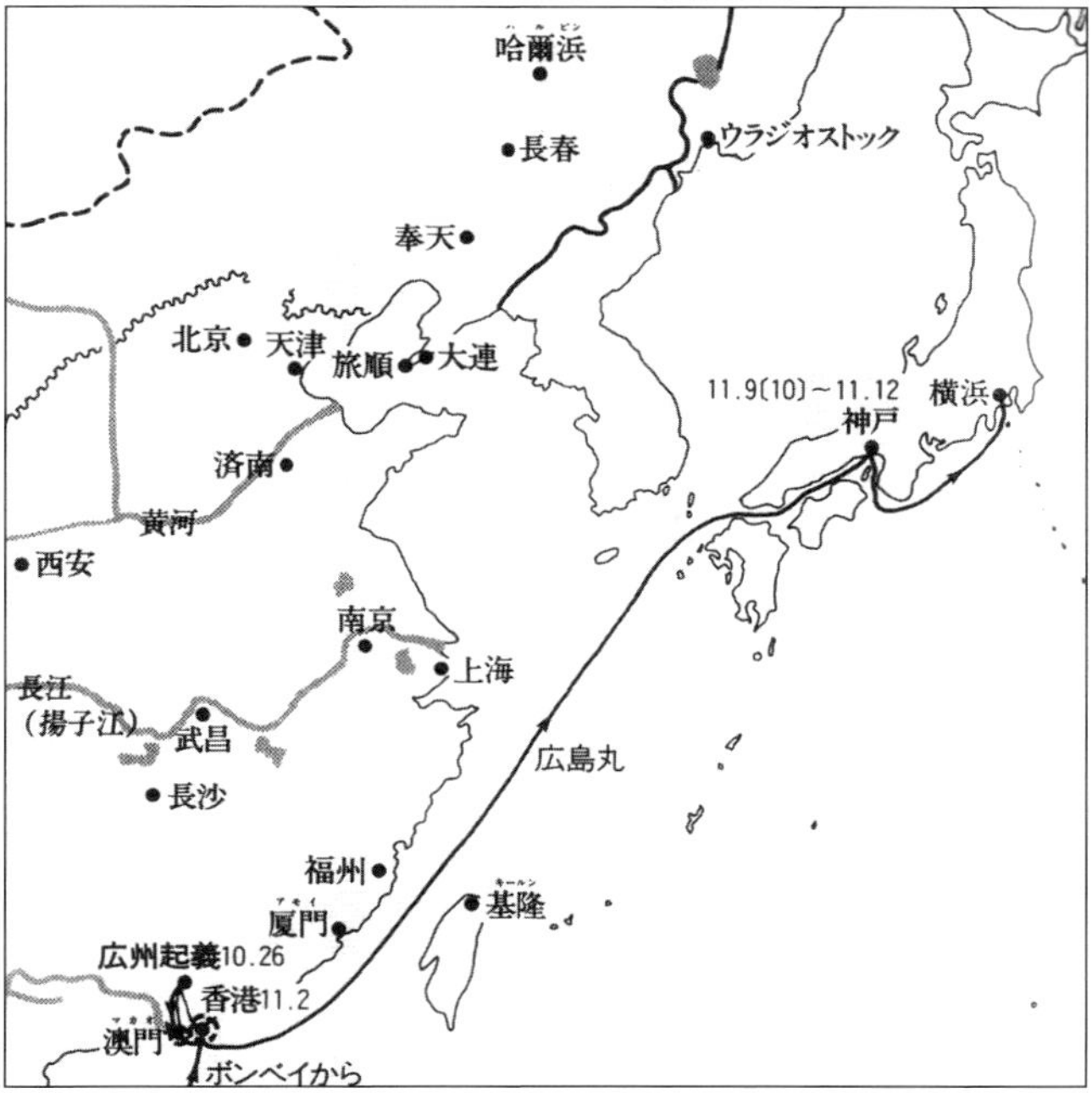

広州蜂起から神戸への経路（1895 年 10 月～ 11 月）
（陳徳仁・安井三吉『孫文と神戸』神戸新聞総合出版センター、1985 年より）

まったく知らなかったというわけではなかったものの、要するに三人にとって見ず知らずの土地にいきなりやってきたということにかわりはなかった。

神戸に着いた孫文らにとって、まず何よりも気がかりだったことは、広州での蜂起が日本でどのように伝わっているのか、ということであった。清朝政府から日本政府に対して、何らかの連絡がすでにいっているのではあるまいか、もしそうだとしたら、上陸にはよほど注意しなければ、と三人は話し合った。

翌一一月一〇日朝、船長のアンダーソンに対して、三人は街をちょっと見物してみたいからとことわりをいい、積荷のことで打ち合わせに来た小舟に同乗させてもらって、広島丸をあとにした。アンダーソンは、はて横浜までの筈だったが、とも思ったが、上陸に際しての注意を二、三与えただけで下船を許した。香港からといっても彼らにはやはり長旅にちがいない、と自分を納得させるのだった。

さて、神戸の土を踏んだ三人は、まず何よりも新聞を売っている所を探した。あちこち歩きまわった末、やっと一軒の新聞販売店を見つけ、さっそく買い求めた。一部一銭五厘であった。

公園のベンチに腰を下ろした三人は、いそぎ新聞をのぞきこんだ。それは『神戸又新日報』という新聞だった。当時、『大阪朝日新聞』、『大阪毎日新聞』と並んで、兵庫県下では代表的な新聞の一つであった。「日日新、又日新」か、これはなかなか縁起がいい名前だ、と孫文は思った。しかし、その第一面中段には「広東暴徒巨魁の履歴及計画」という文字が躍っているではないか。日本語のわからない

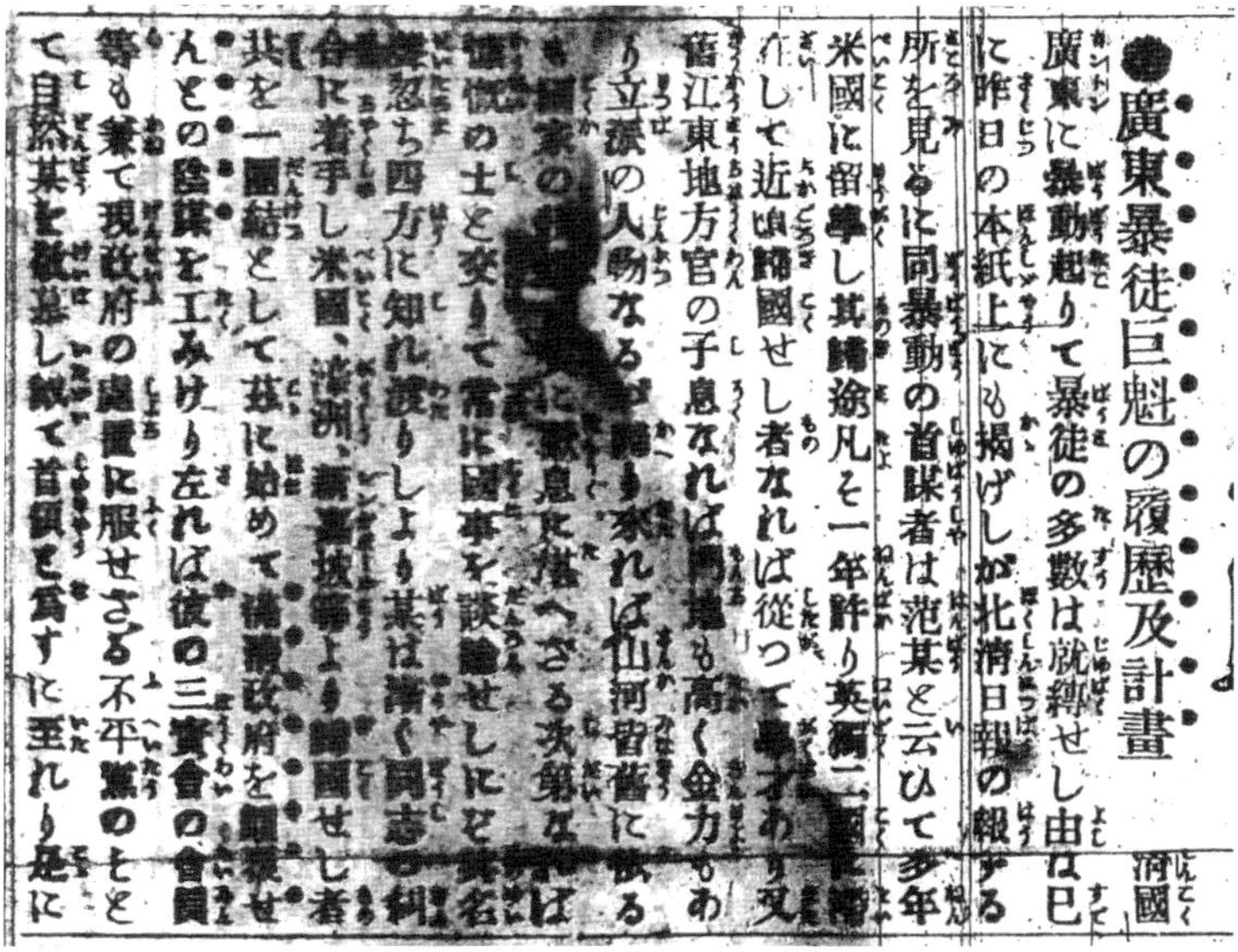

●廣東暴徒巨魁の履歴及計畫

清國廣東に暴動起りて暴徒の多數は就縛せし由は已に昨日の本紙上にも揭げしが北淸日報の報ずる所を見るに同暴動の首謀者は范某と云ひて多年米國に留學し其歸途凡そ一年許り英獨二國に滯在して近頃歸國せし者なれば從つて學才あり又舊江東地方官の子息なれば門地も高く金力もあり立派の人物なるが歸り來れば山河留舊に依るも國家の　に歎息に堪へざる次第なれば慷慨の士と交りて常に國事を談論せしにぞ其名聲忽ち四方に知れ渡りしより某は漸く同志を糾合に着手し米國、濠洲、新嘉坡等より歸國せし者共を一團結として茲に始めて淸國政府を顚覆せんとの陰謀を工みけり左れば彼の三寶會の會員等も兼て現政府の處置に服せざる不平黨のこととて自然某を首領と爲すに至れり是に

「広東暴徒巨魁の履歴及計画」（『神戸又新日報』1895 年 11 月 10 日）

三人にも、その意味は一目瞭然であった。

「清国広東に暴動起こりて暴徒の多数は就縛せし由……同暴動の首謀者は范某と云ひて……」

そこまで漢字を拾いながら読み進んで、三人は顔を見合わせてニヤリと笑った。「「范某」とは誰のことかね」と孫文はとぼけた調子で言った。

「……多年米国に留学し其帰途凡そ一年計《ばか》り英、独二国に滞在して近頃帰国せし者なれば、従って学才あり、又旧江東地方官の子息なれば、門地も高く金力もあり立派の人物なるが……」

孫文は苦笑しながら新聞を見た。「米国に留学」はおかしい、オアフ・カレッジ（Oahu College）に学んだことはあるが、ハワイはハワイのはずだ、イギリスにもドイツにも行ってみたいが当分は無理かもしれない。「学才あり」は当たらずも遠からずだが、「旧江東地方官の子息……」とはどういうことか。父の達成は、澳門で靴屋をやった後故郷の翠亨村に帰って農業を営み、七年程前に亡くなっていた。官などに就いたことはない。自分が生まれた時、父はもう五〇を越えていたが、生きていてこの記事をみたらさぞ目をまるくして驚いたことであろう、とそんな思いが孫文の頭の中をふっとよぎった。

「……茲《ここ》に始めて満清《まんしん》政府を顚覆《てんぷく》せんとの陰謀を工《たく》みけり……。」

その通りだ、と三人は思った。そして、お互いの身なりを眺め合って、あらためて屈辱感に襲われるのであった。ことに、帽子の中の弁髪は、いまや自分たちの打倒の対象としている「韃虜《だつりょ》」すなわち「満清《まんしん》」のシンボルそのものであったからである。しかし、いますぐこれを切り落とすわけにはいかなかった。もし、そんなことでもすれば、清朝政府に対して謀反を企てていることを、自ら身を以って証明するに等しかったからである。日本政府の自分たちに対する出方がわからない現在、そうした行動に出ることはすこぶる危険なことだった。アンダーソンだって疑いを抱くだろう。

「……左れば、彼の三宝会の会員等も、兼て現政府の処置に服せざる不平党のこととて、自然某を敬慕し戴て首領と為すに至れり……」

「三宝会」とは「三合会」のことかね、と傍らの三合会首領鄭士良に対して、孫文は笑いながら言った。

「……此首領が方略の第一着は、広東を占領するに在《あ》りき……」

そうだ、まず広東を抑えてから、ここを拠点にして力を蓄え、しかる後北京へ向けて北上するのだ、この新聞はオレ達の考えを、なかなかよく伝えている、と陳少白は思った。

「……広東知事馬某の許《もと》へ、此一大事件を密告せし者あり。知事は之を聞きて非常に驚き、直ちに税関長たる韃靼《だったん》将軍ポーニンに打合わせて広東に来着すべき一切の船舶を検査せり……」

韃靼将軍とは、保年のことかね、「密告せし」とは、どういうことだ、一体全体誰が、と三人は思った。まさか、あの朱淇《しゅき》ではないだろうな、彼は興中会の熱心な会員であり、今回の蜂起でも、倒満の檄文を書いたほどの男だ、そんなことをするとは、三人とも信じたくなかった。現に彼は、香港に逃げて来ていたではないかと思いつつも、孫文は考えこまないわけにはいかなかった。

これは、後々の話になるが、広州蜂起失敗後、すでに興中会会員の中では、朱淇の密告を非難する声があがっていたという。しかし、次のような説もある。朱淇《しゅき》の兄に朱湘《しゅしょう》というのがいた。ある時彼は、自分の弟が興中会に参画していることを知って驚愕した。累が自分たちに及ぶのを恐れた朱湘は、朱淇の名をかたらい、弟があたかも進んで自首したかのように装って、李家焯《りかしゃく》という官憲に計画を暴露してしまった。密告したのは朱湘だ、というものである。どちらが真実なのか、なお判然としない。もっとも、興中会蜂起の動静については、香港総督から事前に電報によって両広（広東・広西）総督に伝えられていたというから、問題は、朱湘・朱淇兄弟のことだけではなかったわけである。

「……広東政庁は、市内の探索は第一段として、先づ香港、澳門より来る船舶を片端より取調べ、嫌疑者四百八十人を捕縛せしが……」

五百人近くも捕まったのか、と孫文は嘆じないわけにはいかなかった。これからどうしたらよいのか、彼にはまだ見当がつかなかった。そんな事よりも、さしあたりの自分達の落ち着き先を決めることが先決だった。

ところで、この時孫文たちの安全という点で幸運なことがいくつかあった。第一は、先に見た『神戸又新日報』の記事からも窺えるように、孫文の名はまだ日本に伝わっていなかったということである。まして、その事件の首謀者がいま現在、日本に上陸していようなどとは、誰も知らなかったのである。第二は、第一の点とも関係する。両広総督譚鍾麟が、自分の管轄区域内で、清朝顚覆といった大逆事件が企てられていたということが北京に知れたら、それこそ自分の首が危いと恐れ、しばらく上奏を抑えていた、ということである。もちろん彼は、南海、番禺二県に指名手配の告示を掲示するなどして、必死に孫文の捜索にあたってはいたが。しかし、やがて事件は朝廷の知る所となり、一二月二日、朝廷は譚を厳しく諫め、首謀者の即時逮捕を命じた。しかしその時も、狼狽したものの譚は、孫文らの狙いを賭博場を襲撃して金品を奪取することにあったとし、「倒満興漢」を謳った陸皓東の供述についても、一字たりとも報告しなかったという。

一二月七日になって、広東按察使の告示は「匪」孫文とし、

「孫文、即ち逸仙、香山県東郷翠微〔亨〕村の人、額角《ひたい》寛からず、年約二九才、花紅銀一千元」

とし、陳少白については

「陳少白、即ち夔石《きせき》、新会県外海の人、年約二八、九才、花紅銀一百元」

とするなど一六人について、花紅銀（懸賞金）つきで指名手配に乗出したが、しかし、彼らが「韃虜を駆除し、中華を恢復する」という旗幟を掲げて決起した面々であったことについては、何も触れていない。また、外務省に当たる総理各国事務衙門《がもん》が、アジア、アメリカ、ヨーロッパ駐在の清国公使館に対して、孫文らの逮捕を命ずる電報を送ったのも、この日のことであった。

第三は、神戸下山手七丁目の新しい主人公、すなわち「神戸兼大阪駐在清国領事代理」の世禎《せてい》の着任が大幅に遅れていた、ということである。孫文追跡の現場指揮官は、不在であった。

陳少白の思い出

一九二九年、陳少白は雑誌『建国月刊』に、「興中会革命史要」と題してその思い出の口述筆記を連載し始めた。その中で彼は、広州蜂起失敗後、広島丸に乗って神戸に到着した時のことを次のように記している。

「(香港を) 出港するや大風にぶつかったため、一四日もかかって、やっと日本の神戸に着いた。神戸に着くや日本語の新聞を買って読んでみた。私たちは、当時日本語はわからなかったが、いくつかの漢字を読めばその大体のところは理解できた。読んでみると驚くべきことに「中国革命党孫逸仙」といった文字が、眼の前に躍っているではないか。私たちのそれまでの心理では、「革命」とは皇帝になるときにしか使わないもので、私たちのやっていることは、造反《むほん》にすぎないと思いこんでいたのだ。この新聞を見てからというもの、「革命党」という三文字が頭の中に刻みこまれた……」

この前後の話からして、陳少白の思い出に従うと、香港を発ったのが一八九五年一〇月三〇日、それから一四日かかったというわけであるから、神戸着は一一月一二日になる。

ところで、彼らの乗った船が広島丸に間違いないとすれば、まずこの一一月一二日の神戸着というのはおかしい。『神戸又新日報』の「船報」欄によると

「広島丸は去二日香港出発日本に向ふ」（一一月六日）

「広島丸は孟買より神戸に入着す……」（一一月一〇日）

となっており、これに従えば、一一月二日、香港発、同九日（あるいは一〇日）神戸着ということになる。香港—神戸間は一四四〇海里、所要日数八～九日、ほぼ妥当ではないか。陳少白の一四日というのは、すこしかかりすぎる。また、一二日午後四時横浜に向けて出港という点は、『神戸又新日報』

だけでなく『大阪朝日新聞』、『大阪毎日新聞』でも確認できるが、とすれば、一二日に入港して、その日の四時に出港ということになる。これもいささか無理な話ではないだろうか。

次に神戸で買い求めた日字紙に「中国革命党孫逸仙」といった文字が躍っていたとする点も、先に見たように疑わしい。すくなくとも、今のところ、そのような記事を載せている、当時神戸で発売されていた日字紙なるものは発見されていない。そして、そのような可能性は、きわめて小さいと考えるのが妥当であろう。

ところで広州蜂起についての第一報は、一一月三日付のいくつかの新聞に見える。たとえば『毎日新聞』（東京）には「広東占領の警報（十月二三日広東発）」と題して、次のような小さい記事が見える。

「一撲軍広東を占領せんと計画しつつありとの警報あり、但し巨魁《きょかい》の誰たるやを言はず、広東官吏は其筋に急報して市街の防御を援けんことを求め風物騒然たり」

この記事は、事件勃発前のものだが、事件後の第一報も同日付『大阪朝日新聞』に掲載されている。

「広東省に乱を作《な》さんとして匪徒百六人去《さる》二十八日香港より広東街に渡り、又密かに兵器を船に搭載するを発見して取押へたり」

これには「二日午前十時五十分長崎発　上海特置員報」とある。この二本の記事には、当然のことながら孫文の名は見えない。

当時にあって広州蜂起に関する最も詳細な報道は、すでに見た一一月一〇日の『神戸又新日報』の記事である。孫文ら三人は、一一月九日（あるいは一〇日）に神戸に到着、一〇日に上陸して買い求めて読んだのがこの『神戸又新日報』の「広東暴徒巨魁の履歴及計画」と題する記事ではなかったか。もちろん、先に述べたようにここにも「范某」の名はあっても孫文の名はどこを探しても見当たらない。

ところで、広州蜂起のその後について、一一月三〇日の『神戸又新日報』には「広東暴徒就縛後の景況」という記事が載っている。

「過日の本紙上に記載せし通り、広東乱賊の陰謀端なく露見して数百名一時捕縛せられしも、其首魁《しゅかい》范某は何処に隠服するか今に其行衛の不明なることとなれば、支那官吏は、未だ中々に枕を高くし得ずして、何時首魁の再挙あるやも測られずとて戒厳しつつある次第なるが……」

一一月の末になっても、『神戸又新日報』にとって広州蜂起の「首魁范某」なる人物は依然「行衛の不明」のままであった。そんなことはありうることではなかったが、もしも、孫文らが、まだ神戸にいて、この記事を読んでいたとしたら、手を打って興じ合ったことであろう。「中国革命党孫逸仙」が、当時の神戸の日字紙上に登場したとは考えにくい。ウルサ型揃いの日本の新聞記者諸氏が、馮自由『革命逸史』（初集、一九三九年）が書いているような、「支那革命党首領抵日（日本着）」という又とない場面を、神戸港において見逃すなどといったことがありえただろうか。

横浜へ

積荷の棉花の大半を陸揚げした広島丸は、一一月一二日午後四時、予定通り錨を揚げ、いよいよ終着の横浜へ向かって出発した。着いたら譚発を訪ねてみよう、と孫文は考えた。昨年横浜に寄港した折、物売りのために乗りこんできた陳青という広東人を介して知り合いになった男で、自分の話に熱心にうなずいていた人物だ。

孫文の小脇には、今朝買い求めた新聞が数部、大事そうに挟まれていた。昨日は新聞休刊日だったし、今日の『神戸又新日報』、『大阪朝日新聞』、『大阪毎日新聞』いずれにも、彼らのことに触れた記事は見当たらなかった。そのことも、彼の気持ちを幾分なりと寛がせる要因の一つとなっていた。もっとも『大阪朝日新聞』には、「劉永福の去落」と題して、「劉永福汽船にて澳門に渡り、旧任所広東省南澳に帰れり……」という記事があった。孫文が、このかつて、ベトナムでフランス軍をさんざんに痛めつけた黒旗軍の指導者を知らないはずはなかったが、しかし、今度の劉永福の本土帰還、すなわち日本軍による台湾の武力的抵抗の「平定」を、この時孫文がどのように読んだかを知る手がかりは、残念ながら何も残されていない。

アンダーソン船長は、次の航海のことをあれこれ考え始めていた。この一一月二〇日には、また横浜を出発してボンベイまで行くことになっていたからである。けれども、いまは横浜に戻って一休みすることだけを考えることにしよう、何といっても二ケ月余の航海だったからなあ、と彼は思った。

さて、例の三人の中国人だが、「神戸では、警察の方からも何の連絡もなかったし、どっちにしてこの一晩のつき合いだ、もともと気にかけることもなかったのだ」とアンダーソンは自分にいいきかせて、少し暗くなりはじめた六甲の山並みを見やりながら、手にしたパイプにゆっくりと火をつけた。

第一章

孫文を迎えた人々

1 〃中山の大業は必ず成就すべし〃——三上豊夷

孫文（中山）と神戸との関係を物語る人々としては、呉錦堂、王敬祥そして楊寿彭という華僑の一連の系譜があるが、他方では、三上豊夷《とよつね》、松方幸次郎、瀧川儀作など神戸の実業家たちの存在にも目を向ける必要がある。海運業者三上豊夷（一八六三～一九四二）は、そうした一群の人々のなかでも、辛亥革命前から孫文や黄興と交流を深め、彼らの事業に共鳴し、生涯支援を続けた神戸の人物として出色といってよい。

三上豊夷（1863～1942）
（三上隆氏蔵）

孫文は、一八九五（明治二八）年一一月、初めて神戸の土を踏んで以来、幾度も神戸を訪れていたが、神戸が孫文の革命運動と実質的な繋がりを持つようになるのは、三上との交友を通じてである。三上は孫文の革命運動に直接関与したという点で熊本の宮崎滔天《とうてん》（一八七一～一九二二）らと通底するものがあり、また経済人として多くの財政的支援も惜しまなかったという点では長崎の梅屋庄吉（一八六九〜一九三四）にも通じるものがあった。その三上を孫文に紹介したのが高知の萱野長知《かやのながとも》である。本節では、三上の孫文との出会い、孫文の革命運動との関係、孫文没後の三上における孫文像や中国との関係について考えてみたい。

孫文との出会い

萱野長知（一八七三〜一九四七）が『中華民国革命秘笈』を刊行したのは、一九四〇（昭和一五）年のことである。この本は、最初帝国地方行政学会から出されたが翌四一年には皇国青年協会から改めて刊行された。

この本の中で萱野は三上について幾度となく言及している。その最初は、三上と孫文との出会いについてであるが、そこで萱野は、孫文の革命事業が一九〇五年の中国同盟会の成立を以て、「中山の希望も為めに一紀元を開き全く前と異なる考を有つに至った」、というのは同盟会成立以前は「生前に革命排満の大業が成功し得ると望んでは居なかった」が、同盟会成立の「其日からは始めて革命の大業が生前に成就すべきことを確信して敢て疑はざるに至った。」（萱野一九四一：八二）と書いたうえで、続けて次のように三上との出会いを記している。

「当時著者は神戸の実業家三上豊夷に支那革命の風潮を説き清朝は必ず近き将来に於て顛覆せらるべし、孫中山の運動を賛成して援助せられ度しと物語りたるに、三上は元来達識の士なれば言下に答へた「中山の大業は必ず成就すべし予は其の成功を疑はず但し事の成るは予の子か或は孫の時代なるべし併し理想は時世につれて漸次近づくべし機会を得れば中山と会談せん」と云へり。」（八三）

三上豊夷は、一八六三年三月二〇日（文久三年二月二日）、越前丸岡藩（現在の福井県）藩士の家の生まれであるが、生後間もなく父八郎豊尚《とよひさ》を失っていた。七八（明治一一）年、「神戸ニ居ヲ定メ」（三上一九三三）、西洋人の家で皿洗いなどをして働いた後、八七年、二四歳の頃回漕店を起した。八九年、大塚みさと結婚、日清戦争の始まった九四年、社外船同盟「日本海運業同盟会」（後に「日本船主同盟会」と改称）を結成する。三一歳のことであった。

さて、この萱野の思い出によれば、孫文を三上に紹介したのは萱野であり、それは中国同盟会結成後間もない時期だったという。孫文と三上との交流を証明する一枚の扁額が舞子の孫文記念館に展示されている。その扁額には、「丁未正月　三上先生属　革命　孫逸仙」と書かれている。「丁未《ていび》正月」とは、一九〇七（明治四〇）年二月中旬のことであり、したがって遅くとも〇七年二月中旬までに三上が孫文と対面していたことは確実である。では、初対面はいつになるのだろうか。萱野の研究者﨑

孫文が三上豊夷に贈った扁額（三上隆氏蔵）

村義郎氏は、萱野と三上が初めて接触した時期については、

「はっきりとはわからない。ただ、萱野が北一輝を三上に紹介したこと、萱野が座談会で汽船会社設立断念のあと「それから孫と汪兆銘と胡漢民は安南の方へ行ったのです。」と述べているから、一九〇六年から一九〇七年にかけての間のことである。」（崎村・久保田一九九六：五六）

と述べるに止めているが、「孫と汪兆銘と胡漢民は安南の方へ行った」のは、一九〇七年三月四日のことである。「汽船会社設立」とは日中合弁の「共和輪船公司」設立計画のことと思われるが、残念ながら萱野と三上の関係に関する氏の追及はそこで終わっている。

ところで、一九〇九年一月、宮崎滔天が黄興（一八七四〜一九一六）とともに神戸の三上の会社と自宅を訪ね、夕食を馳走になっているが、そのときの様子を外務省の史料は次のように記している。

「元来自分〔三上〕ハ清国ヲ研究シ自モ営業ノ発展ヲ図ラントシ去ル三十三四年頃東京ニ於テ革命党員等ガ革命雑誌ヲ発行セルヲ聞知シ同社ヲ往訪シ種々営業上ニ利用セン考ヲ以テ同党員ト会見シ殊ニ一昨年安東県ニ日本領事館ヲ建設シ之ヲ吾外務省ニ買上ケシムル為ニ東京ニ滞留シ屡々外務当局者ヲ訪問シ二ケ月余ヲ費シテ其目的ヲ達シタルガ其頃宮崎寅蔵等ト会見シ相知ルノ間柄ニテ目下彼等ノ窮状気ノ毒ナルヲ以テ時々幾千ノ金銭ヲ恵ミ居ル迄ニシテ革命党ニハ何等関係ナシ云々ト」（外交史料館一九〇九）

滔天が黄興とともに三上の会社を訪れ、三〇〇円を借りて鹿児島の西郷隆盛の墓に詣でたのはこの時のことと思われる（宮崎滔天一九〇九：三〇三）。こうした、滔天や黄興との交友関係は、三上が後に辛亥革命で活躍する際の重要な環境を用意するものとなった。

さて、遼寧省安東県に日本領事館が設置されたのは一九〇六年五月であるから、その前後に三上は宮崎滔天（そして萱野長知）らと会っていたということになる。しかし、「革命党員等」の「革命雑誌」とはいうまでもなく宮崎滔天、萱野長知らが発行していた『革命評論』のことであり、この雑誌の創刊は〇六年九月である。そして、『革命評論』の「発送原簿」に「神戸市海岸通三丁目八番地　三上豊夷」（革命評論社一九〇七：四六二）とあることから考えると、三上と萱野の出会い、三上と孫文との出会いはおそらく〇六年秋と思われる。

三上が孫文や「革命党」関係者と接触したのは、孫文をはじめとする「革命党」の主義や理想に共鳴しただけではなく、「種々営業上ニ利用セン考」えがあったかもしれない。日露戦争を契機として神戸は麦少彭や呉錦堂らに代表される華商の活動の拠点としてもいよいよ重要性を高めつつあった。

一九〇六年、三上は神戸・香港定期航路の開設に乗り出す。すでに三上は関門の地に代理店巴組を設置して、中国を中心とする東アジア貿易の拡大に備えていた。三上が、日露戦争後、対中国貿易、とりわけ香港経由の貿易の拡大に期待を抱いていたことは間違いない。神戸・香港定期航路には、和歌山の富豪藤岡幸一郎（一八八一～一九二〇）から提供された幸運丸（二八七六トン）があり、さらに三上の持ち船ハドソン丸も配船したが、この航路は、翌〇八年二月に発生した第二辰丸事件（中国官憲が澳門沖で拿捕した武器密輸日本船を日本側の抗議により中国側が釈放した事件）とその後の日貨ボイコット運動のために廃止に追い込まれた（一隅社出版部一九五八：三六～三九）。三上の孫文ら革命党への接近に、実業家としての思惑があったことは否定できないだろう。一方、孫文ら革命党にとっても海運業を営む三上の存在は貴重であった。革命党員の日本への出入や武器弾薬の輸送にとって、海運業者の協力は得がたいものであったからである。萱野は、先の文に続けて次のように書いている。

「三上は神戸一流の海運業者にして郵船商船会社は別として個人船舶業者即ち社外船主間に在り

て同盟を作り之が牛耳を取り居る者なれば革命に欠くべからざる輸送其他につき非常に有力なる便宜あり故に三上と連絡して以来中山は神戸中山手の三上宅に宿泊して時事を語り意気相投じて将来を談合したることもありたり」(萱野前掲書：八三)

孫文が、一九〇五年八月の中国同盟会を結成してから日本を去る〇七年三月までの間に、神戸にいつ来たのか、そしていつ「三上宅に宿泊」したのかは現在のところ確認できないので、萱野のこの話をそのまま受け入れることはできないが、先の「扁額」の授受を考えるならば、おそくも〇七年初にはすでに二人の間には相当な信頼関係が形成されていたことは確かであろう。

三上の海運業者としての利害得失と孫文ら革命党支援との関係を合わせて考えるに、もし、三上が主に実業家としての見地から孫文ら革命党との接近を考えていたとするなら、次に見るような孫文らのために武器弾薬や兵員を輸送するようなことまで敢えてするはずはなかったであろう。経済的損得という観点からすれば、辛亥革命前で、まだ海のものとも山のものとも分らず、武装蜂起の失敗を重ねていた孫文ら革命派に加担するよりは、清朝や立憲派の中国人とのコンタクトをとったほうがはるかによかったにちがいない。しかし三上はそのような道を選択することはしなかった。

幸運丸事件

萱野長知は、一九二六年頃に書いた「お隣へ」の中で、孫文と神戸の関係について次のように書き残している。

「回顧すれば神戸は、彼等同志が長き、長き間往来して忘れ難き印影を残し、革命史の幾百頁を飾るに足る活場面である。就中、我等の脳裡に深く刻まれたるは、湖南□同志榊〇〇［劉某カ］が或る任務を〇〇して社外船に便乗し上海に走りたること。幸運丸が我等の手にチャーターされ、或る処にてお土産を積み込み汕頭厦門海陸豊沿岸に向ひたること、黄克強、譚人鳳両公が或る運動を為せしこと、孫中山先生は令兄と携へ上船したる光景、第二革命に亡命し来れる孫氏の諏訪山の隠れ家、孫氏北京入の最後、此処に上陸して亜細亜聯盟の大演説を為し、日本国民の覚悟を促したること、などはまだ耳新しきものにて多く記憶されて居るが、諏訪山隠れ家の［一］幕などは、世人知るもの稀なれば、ここに其概要を書いて見やう。」（萱野一九二六：一〇一）

この記述のなかで、「黄克強、譚人鳳両公が或る運動を為せしこと」については「孫文と交遊三十年」

（萱野一九四〇：一九一～一九三）に簡単な説明があるが、「湖南□同志榊〇〇［劉某カ］が或る任務を〇〇して社外船に便乗し上海に走りたること。」、「孫中山先生は令兄と携へ上船したる光景」については、具体的に何を指しているのか確認できない。また、三上と孫文に関することでも、ここで萱野が敢えて触れていない重要な事実もある。たとえば辛亥革命の際、三上がその実現のために奔走した中国中央銀行設立計画などである。以下、簡単に各事件について、三上の役割を中心にみていくことにしたい。

まず幸運丸事件は三上の関係したことのうち、もっとも危険で、失敗による損害がもっとも大きかった事件である。

この事件は、一九〇七（明治四〇）年一〇月、許雪秋が中心になって、広東省汕尾《せんび》で計画した武装蜂起の際に、孫文の要請に三上が応じて、幸運丸をチャーターして武器弾薬を積み込んで送り届けようとしたが、連絡不十分で受け渡しに失敗して日本に戻ったという事件である。三上は、この事件の結果莫大な損失を被った。

一九〇七年六月七日、孫文は、ハノイから平山周宛に、両広地方での武装蜂起を行うので、武器弾薬を都合してほしい、その輸送は神戸の三上に依頼してほしい、との電報を打つ。これが、三上が事件にかかわることになる発端である。

六月一四日、萱野が孫文の指示を得て香港から戻り、三上に正式に船、武器弾薬などの手配を要請する。当時三上は、神戸で回漕店を経営していて、船を用意することはそれほど難しくはなかった。さっそく、懇意の和歌山の船主藤岡幸一郎所有の幸運丸をチャーターすることに成功した。しかし、このとき孫文が萱野に用意した金は一万円にすぎず、これでは武器・弾薬の買い付けにも不足し、結局三上が二万円を出して、ようやく準備を整えることができた。

一〇月八日、幸運丸は長崎を出航、一二日、武器引渡し地点の広東省汕尾沖一〇キロメートルの洋上に到着したが、陸上からの応答がなく、やがて清朝官憲の探知するところとなり、幸運丸は汕尾を離れ香港に向かった。そこで、あらためて恵州平海沖で受け渡すことになったが、すでに事は香港総督の知るところとなっていて、日本領事は、積荷（石炭）の受取り会社山下汽船を通じて、幸運丸船長に直ちに日本に戻るように指示した。驚いた船長は、積荷を下ろさず、ただちに日本に戻ることにした。こうして、幸運丸を用いて革命派に武器・弾薬を供給するという三上の計画は失敗に終わった。三上は、結局積んでいた刀剣類を下関港外の海中に沈め、弾薬類は艀《はしけ》で引き取った（一隅社出版部一九五八：四五～四六）。

一九〇八（明治四一）年一月三日、孫文は、萱野に対して手紙を送り、今回の蜂起計画に際して、宮崎滔天らが借りた借金（銀三五〇〇元）の返済期限がすでに来て、訴えられる恐れがあるが宮崎らには金がない、神戸に留めてある武器弾薬は警察の目もあり、再度三上の船に積み込むこともできないので、売却して借金の返済などに充ててほしい、と要請している（孫文一九〇八：三五七～

三五八)。この書簡には、三上の負担についての言及はないが、萱野は、

「既に武器を買ふのに金が足らなかったのだから、この幸運丸のチャーター料なども ある筈がない。三上が補償して借出すことになったのです。何しろ冒険的な航海だから、従って傭船料も随分高かった。この時の費用は何や彼やで凡そ二万円位は不足したでせう。全部三上が補償しました。」(萱野一九四〇:一八五)

と書いている。なお、萱野は、下関での武器積載には、三上の部下で下関の三上回漕店の代理店巴組の社長中野金次郎が一切を処理したという(萱野同前書:一八五)。中野は、後に内国通運の社長になる。幸運丸による武器引渡しには失敗したが、この過程で三上が示した対応は、萱野はもとより孫文にも信頼をともなう深い印象を残したにちがいない。

辛亥革命と中央銀行設立計画

一九一一年一〇月一〇日の武昌蜂起に始まった辛亥革命は、日本の各界にさまざまな反応を引き起こした。神戸では、一一月に華僑たちが中華民国僑商統一聯合会を結成し、孫文ら革命派支持を明確

にした。

三上は、辛亥革命に際して、三つの重要な行動にかかわっている。第一は蘇路借款、第二は中央銀行設立計画、第三はハドソン丸による革命軍将兵の輸送である。まず、蘇路借款についてであるが、一二月一三日、何天炯《かてんけい》が来日し、三上は何《か》とともに上京して政府、財界の要人との会談に臨んでいるが、一二月中旬、上海の萱野長知に対し、蘇路借款について日本側は武器と三〇〇万円を出すようであるが、鉄道を担保にすることに間違いないか、確認を要請している（李廷江二〇〇三：一四七）。第二の中央銀行設立に関しては、李廷江氏が、その著『日本財界と近代中国―辛亥革命を中心に』において詳細に述べているので、ここでは、同書によりつつ、その概要を明らかにしておきたい。三上は、一二月三〇日、神戸から上海のＷｏｎｇ ｓｉｎｇ（黄興）に対して次のような重要な電報を打っている。

「東京ニテ元老大臣会議ノ結果共和政府ヲ援助スルコト確定シタ　カテンケイ共ニ松方、大隈、阪谷芳郎、三島正金［彌三郎］面談ノ上資本金一億円ノ中央銀行設立シ政略上各国ノ資本ヲ集メ幾部ヲ払込ミ之ヲ正貨準備トシテ当分引換ヘザル兌換券ヲ発行シ此ノ銀行ハ渋沢其ノ他皆尽力ス確カ二三ケ月以内ニ出来ル各国ノ資本ニ対シ将来不利益ニナラザル様阪谷成案ノアル此ノ件ハ最緊急重大ト認ム犬養トモ相談セヨ至急返セヨ　三上」（防衛研究所図書館一九一一）

この元老・大臣会議とは、一二月二四日に開催されたもので、松方正義、西園寺公望、桂太郎、内田康哉らが出席、阪谷芳郎元蔵相は呼び出されて中国中央銀行設立について提案を行った。三上は、同二四日、原敬内務大臣を訪問し、「政府ノ意向」（原敬：一九一一年一二月二四日）を尋ねている。

何天炯も二八日、阪谷を訪問したところ、阪谷から中央銀行設立計画の提案を受けていた。三上は、こうした交渉の経過を先述のように「最緊急重大ト認ム」と判断して、上海の黄興と犬養毅に報告した。ここでは李廷江氏の分析の基礎とされている二つの資料を基に、中央銀行設立計画をめぐる三上の言動について再構成してみたい。資料とは、次の二点である。いずれも、防衛研究所図書館所蔵「清国事変書類」の一部で、当時上海に派遣されていた最上艦の武部艦長が記録したものである。

A「最上機密第一五一号ノ四八　明治四十五年一月十二日　武部最上艦長　清国事変ニ関スル警備概報（巻四八）」（防衛研究所図書館一九一二a）

B「最上秘報　一月十二日　私信（第四回）」（防衛研究所図書館一九一二b）

形式的には、Aは公式文書、Bは私的文書ということになろう。元老・大臣会議（一九一一年一二月二四日）の決定事項ついては、資料Bが簡潔に要約しているが、それは①革命軍に対する財政的支援が急務である、②財政的支援は阪谷芳郎の提案により「一億円」の補助を目標とする、③孫文を交渉の対象とする、④交渉の仲介には三上豊夷を推す、というものであった。

この元老・大臣会議について三上は、先の電報に見たように「共和政府ヲ援助スルコト確定シタ」

と伝えていたが、李廷江氏も、この会議を日本の対中国政策がそれまでの「対清一辺倒」から革命派支援へと「転換」した重要な会議と位置づけている（李前掲書：一四二）。この指摘は妥当であるが、同時に注目しておきたい点は、日本政界の中枢部が、対中国政策の交渉対象として初めて孫文を受け入れたということ、また、この交渉の仲介役として「不偏不党ニシテ而カモ孫文ニ面識アルモノヲ撰シタル結果神戸回漕店主三上豊夷氏ヲ押スニ到レルナリ」（B）となったという点である。三上は、辛亥革命時期の日本政府の対中国政策転換を具体化する上で日本政府と孫文らとの仲介者として極めて重要な役割を担うことになったのである。

一九一二（明治四五）年一月七日、三上は春日丸で上海に到着し、宮崎滔天や犬養毅と会談したが犬養はこの計画にあまり乗り気ではなかった（宮崎一九一二：三八二）。翌八日、滔天が風邪のため三上は単独で南京に向かい、夜中の一二時まで孫文と話し合った。三上は、孫文に対して「我ガ元老ハ愚生ヲ茲ニ派シテ」（B）と、今回の孫文訪問が個人的行為ではなく日本の元老から派遣されたものであると述べ、自分の立場を説明している。元老・大臣たちの関心は、中国が混乱して日本が経済的に不利益を被らないようにすること、清軍を支援して華南で対日ボイコットが起るのを回避するためなど「我国益ヲ計ル」というのが革命派への財政的補助の目的だったが（A）、三上は孫文に対しては、日本の政治家には明治維新以来の財政整備に取り組んだ経験を有するものがおり、この分野で協力したいがどうか、と述べて、中央銀行設立計画の受け入れを要請した（B）。

しかし孫文は、日本の孫文に対する扱いに不快感を表明し、

「目下民軍ノ財政ヲ救ハントナラバ十日以内ニ一千万円融通サレタク」（A）

と実現不可能な逆提案をして、承諾しなかった。そこで三上は、翌九日、まず黄興を説得し、

「黄興ハ日本元老諸士ノ成案適当ナルコトヲ説破シ兵器ノ輸入ヲ附加シ更ラニ一千万円十日間ハ否望ナルヲ述ベテ数時間ニ渉ッテ会照シ遂ニ孫文ハ承諾セリ」（B）

とようやく、孫文の承諾を取りつけた。

「元来孫ハ日本ノ待遇ニツキ不快ニ思ヒ居ルト当地ニアル志士連中ハ政府党ニアラズシテ頼ル可カラズト観察シテ」（A）

いた。その孫文が三上との二日間に渉る話し合いに応じ、最終的には説得を受け入れたのには、黄興の力も大きかったと思われるが、幸運丸事件も含め日本亡命中に築かれた三上との厚い交友関係とい

う基盤があったからだと考えられる。三上は、一月一〇日、「承諾ノ証拠トシテ大統領ノ印綬アル文書ヲ得テ」（B）上海に戻り、松方正義、何天炯、大隈重信そして渋沢栄一らに孫文が中央銀行設立計画を受諾したことを打電した（李前掲書：一六〇）。孫文も一一日、阪谷に対して計画受諾を通知し、合わせて阪谷の訪中と武器の提供を要請した（李同前書：一六七～一六八）。一六日、三上は阪谷と会って、「孫文ヨリ中華民国中央銀行設立依頼ノ公文書」（阪谷芳郎一九一二年一月一六日）を手交した。しかし、日本からの資金援助が困難であることが明らかになると孫文は中央銀行設立計画を白紙に戻してしまう。二月八日、三上は阪谷を訪ね、「孫文ヨリ中央銀行ノ件取消云々ノ電報」（阪谷：一九一二年二月八日）について報告した。こうして中央銀行設立計画は挫折してしまった。

第三の革命派将兵の輸送についても海軍文書によって確認できる。

一九一二（明治四五）年一月、革命軍各派の兵士約二万人が広東にいて内部争いが絶えず、早急に上海方面に送り出す必要があった。その兵員を輸送するために要請されたのが上海に停泊中の三上のハドソン丸であった。急遽船内を改装して客船に仕立て、一月一二日、広東に派遣した（A）。三〇日、ハドソン丸は、広東・広西の兵約六五〇〇名を乗せ、上海に入港し、兵はさらに南京に向かった。

「汽船「ハドソン」ヨリ広東、広西側北伐軍六千五百二十三上陸ヲ了リ南京ニ入レリ」（防衛研究所図書館一九一二c）

三上はこのような役割も演じていたのである。

辛亥革命に際して、三上は何天炯とともに東京に出向いて、原敬や阪谷芳郎ら政府、財界の要人を訪問して革命政府支援を要請し、また中国では自ら上海、南京に赴き、孫文、黄興ら革命政府の要人と協議して中央銀行設立構想実現のために奔走した。また、蘇路借款交渉の任にも当っている。その一方で、持ち船を提供して、革命派兵士の輸送にも当っていた。このような人物は、この時代の神戸の人としては三上唯一人である。三上をしてこのような行動に奔らせたのは、実業家としての打算からではなく、やはり孫文とその事業への共鳴、共感であった。そして三上にとっては、同時にそれが日本の「国益」にも通じているとの思いもあったのではないかと推測される。

第二革命と孫文の神戸上陸

一九一三（大正二）年は、孫文にとっては天国と地獄を一度に経験する年となった。二月から三月、孫文は「籌弁全国鉄路全権（全国鉄道建設大臣）」という中華民国政府の要人として日本を訪問、「準国賓」として朝野をあげての大歓迎を受けた。東京では前首相の桂太郎、財界の実力者渋沢栄一など日本の政治、経済、軍事など各分野を代表する人々との交歓があり、各地でも府県知事、市長、商業会議所会頭などそれぞれの地方の名士たちや華僑から大々的な歓迎を受けた。

しかし、三月二〇日、九州滞在中に起った宋教仁暗殺事件と善後借款受け入れをめぐっての対立から、孫文たち革命派は袁世凱との武力対決を決意し、七月、第二革命へと突入していく。しかし革命は失敗し、孫文らは再び亡命を余儀なくされた。孫文は、当初広東に行き、そこを基盤にして態勢を立て直して再び袁世凱に戦いを挑もうとした。ところが、南下して福州まで行ったところで、情況は孫文らにとって著しく不利なことが判明し、広東への撤退を断念した。

孫文は、福州から台湾の基隆《キールン》に転じ、そこから信濃丸で神戸に向かった。牧野伸顕外相は、佐久間左右太台湾総督や長崎そして兵庫などの県知事に対して孫文を上陸させず、アメリカなど他の国に行かせるよう説得することを要請した。これに対して孫文は、三上豊夷や萱野長知らに無線や電報で連絡を取り、日本政府に対して、亡命許可がえられるよう働きかけを要請した。

この時三上は、部下の西川荘三を急遽外務省に出向かせ、亡命許可を要請させた。萱野も、頭山満、犬養毅らを通じて、山本権兵衛内閣に働きかけた。その結果、日本政府もまずは孫文一行の神戸上陸を承認することにした。八月九日、孫文は神戸港に到着した。この間の経緯は、服部一三兵庫県知事から牧野外相への返電（一九一三（大正二）年八月一〇日）に詳細に示されている。やや長くなるが、政府と兵庫県知事の立場、三上らの役割を簡潔に説明しているので、関係箇所を引用しておこう。

「本件ニ就テハ川崎造船所社長松方幸次郎トモ協議ヲ遂ゲ尚ホ神戸市海岸通海運業者三上豊夷ハ

孫、黄ト予《かね》テヨリ親交アルモノニテ今回航海中モ孫ハ絶ヘズ三上ニ対シ無線電信ヲ以テ往復セシ事実アルヲ以テ三上ヲ呼寄セ孫ニ対スル意向ヲ聞キタルニ三上ハ此際孫ノ渡米ヲ以テ得策ナリトスル事判明セルヲ以テ同人ヲシテ当日和田岬沖合ニ先着セシメ孫ノ意向ヲ確カメシメタルニ孫ハ一切新聞記者及ビ支那人等ニ面会スル事ヲ欲セザル旨ナルヲ以テ一時船長室ニ潜伏スルコトヲ快諾セシメ……孫ハ今回ノ渡来ニ就テ東京ノ萱野長知ト屡《る》々電報往復セシモノト見ヘ萱野ハ一昨夜着神シテ孫ノ渡来ヲ待チ受ケ居タルガ……孫ハ己ノ所在等ハ出来ル限リ之ヲ秘密ニセン事ヲ望ミ居ルヲ以テ予定ノ行動ニ依リ同日午後九時密カニ松方幸次郎、三上豊夷等同伴上陸市内諏訪山温泉境内常盤花壇別荘ニ止宿セリ而シテ同人ニ対シテハ時ヲ計リ松方、三上ヨリ可成《なるべく》早ク渡米ノ得策ナル事ヲ勧誘スル手筈ニ有之……萱野等ハ孫ガ長ク日本ニ滞在スルハ日本政府ノ好マサルヲ知リ居ル模様ナルモ同人等ハ是非孫ヲ日本ノ或場所ニ密カニ引止メタキ考ヲ有セルヤノ趣ニ有之……」（外交史料館一九一三）

この服部知事の牧野外相宛の報告書から以下のことが分る。①孫文は、台湾から日本に来る船中から、神戸の三上、東京の萱野と無線あるいは電報で頻繁に連絡をとっていた。②孫文の神戸上陸については、事前に日本政府の許可が下りていた。しかし、③当初日本政府が認めたのは、一時的な神戸上陸であり、長期の日本亡命を許可したものではなかった。④服部知事は、三上が孫文をアメリカに行かせる考えを抱いていたので、三上を和田岬まで出迎えさせた。⑤孫文を夜中に川崎造船所から上陸させ、諏訪山の常盤花壇別荘に匿《かくま》うことは、服部知事も承知の「予定ノ行動」であった。⑥萱野長知は孫文をアメリカに送ることには賛成していなかった。

すなわち、孫文の神戸港到着の時点では、日本政府としては、孫文の神戸上陸はあくまでも緊急避難の一時的なもので、なお孫文を説得によってアメリカに行かせようという考えだった。孫文が神戸から東京に向かうのは八月一六日のことで、諏訪山滞在が一週間もの長期になったのは、おそらく頭山らによる孫文の日本亡命に関する対政府説得工作が容易でなかったためと思われる。また、孫文が、人目を避けたのは、対日本政府というよりは袁世凱の刺客を警戒したためだろう。孫文の神戸上陸は、以上のようなドラマチックな要素が多分にあり、関係者にとっては忘れがたいものとなった。三上はここでも重要な役割を演じていたのである。

日中戦争

一九三一（昭和六）年九月一八日、関東軍の満鉄線「爆破」によって始まった日中戦争は、三三年、熱河作戦により万里の長城を越え、三七年七月、盧溝橋事件を契機に全面戦争へと拡大、四一年一二月、コタバル・真珠湾攻撃によりアジア太平洋戦争（大東亜戦争）に突入して、第二次世界大戦の一環を構成し、四五年八月、日本の降伏を以て終結した。孫文と深い親交のあった日本人の一人として三上豊夷は、この中国との戦争をどう受け止め、どう行動していたのだろうか？「三上豊夷伝」ともいうべき大矢誠一『内国通運と三上豊夷』はこの点については簡単に次のように記すのみである。

「三上は、近衛［文麿］公に申し出で、萱野［長知］を近衛公の密使として重慶に使わした。しかし、事変はあまりにも重大化し、いかんともする術がなかった。萱野には子がなかった。三上は出資して日比谷に中華料理陶陶亭を経営させたが、これは萱野の生計のためだったという。」（一隅社出版部一九五八：八九）

これは、一九三七年七月の盧溝橋事件から四二年にかけて、萱野が小川平吉や松井石根《いわね》らと行った対重慶「和平工作」を指すものと思われるが、三上のかかわりは明らかではない（﨑村・久保田一九九六：二四三〜二九六）。なお、陶陶亭の創立は一九年、三上はその出資者の一人であった（陶亭一九六三：三八五〜三八八）。日中戦争について三上自身が書き残したものは少ないが、残された断片から彼の日中戦争観の一端を窺うことにしよう。この時期、三上は朝鮮で農場を経営し、中国にも会社を置いていたが、「胸間苦悶症一進一退灸治ヲ腹背ニ九ヶ所」（三上一九三三c：一一月二日）といったように宿病に悩まされていた。

一九三一年の除夜、三上は柳条湖事件について次のような感想を書いている。

「瀋陽一夜兵匪起遮断交通覆鉄軌我軍応変衝北営更攻南嶺陥堅塁非敢好戦捲波瀾為冀平和増福祉任重権益防衛勤命軽報国陣中死畢竟乱因於彼存不許与国慢容嘴…（瀋陽の一夜、兵匪起こりて交通を遮断、鉄軌を覆す。我が軍変に応じて北営を衝き更に南嶺を攻め堅塁を陥す。敢えて戦いを好み波瀾を捲くにあらず。…。畢竟乱因は彼に存す…）」（三上一九三一）

「乱因は彼に存す」とあるように、これは柳条湖事件に対する当時の日本政府発表とほとんど同一の認識である。一九三三年四月、関東軍が長城線を越え、日本が国際連盟脱退に踏み切った後だが、山成喬六宛の手紙には、珍しく孫文について言及してこう書いている。

「満洲独立国際連盟脱退ト相成リ遺憾ニ堪ヘ不候其理由ノ抑明治四十五年一月北京ニハ袁世凱南京ニハ孫文ト両立致候時阪谷［芳郎］男ノ御勧誘ニ依リ新国家ノ金融機関ノ方策ヲ授ント男ノ案文ヲ持チ渡航シ孫文黄興等ニ面接シ打合セ帰京致シ男ト共ニ画策致シ際小生重病ニ犯サレ遂ニ其ノ功果ヲ得ス今日ニ至リ候其ノ当時ノ計画ハ支那全体ヲ今日ノ満洲ノ如ク為シ満洲ハ完然ニ日本ノ領地ニ為スコトニ相成居候此事ト関係セシ人ハ阪谷男ト小生トノ弐人ヲ残シ他ハ皆故人トナラ

レ候」（三上一九三三 a）

これは、辛亥革命時期の中国中央銀行設立計画と「満洲租借」問題についての回想であるが、両者が絡んでいたことを示している。この頃三上は、田中国重の「明倫会」とも接触があったようである（三上一九三三b）。

一九三七年の盧溝橋事件に際しては、

「孫子曰知彼知己百戦不殆《あやうからず》、不知彼而知己一勝一負、不知彼不知己毎戦必敗」（三上一九三七 a）

と記すのみであるが、この頃になると「絶対平和論」への傾斜が見え、

「過般の大戦の惨害を免れし日支は目下交戦中なるが双方共認識不足の為め両国民は意外の感想なる事は日々の新聞記事に於て明了なり随て両国民の戦争と云ふ観念に相当の変調を生する者と信す」（三上一九三七 b）

と書いている。

一九四一年、アジア太平洋戦争への突入前夜、三上は三月に『世界平和般若波羅蜜多経』、一一月には『日本精神の解剖』という二冊の本をまとめている。その中で三上は、「聖戦」論に立って、日中戦争において日本は「無賠償、無併合、経済提携の三則の下に聖戦を行って居り」とし、「更に大東亜共栄圏の確立に平和手段を以て進み世界の平和に向って努力を払って居る」（三上一九四一a：一六）とみなした。

そのような認識を基礎に、日本を欧米に抵抗するうえでのアジアの盟主と位置づけ、「蔣介石政府」を「中山先生蹶起の際の根本理念を忘却して、何の悪魔の魅入ったものか、欧米に依存して東亜の盟主に抵抗する政策を採り」（三上一九四一b：八九～九〇）と批判した。盧溝橋事件からすでに四年、汪兆銘政権発足から一年余、日米開戦直前の緊迫した情況下での言葉である。これはもう一つの「大アジア主義」である。三上には日中戦争の現実を正確に認識することは困難だったのだろう。三上もまた時代の制約の下にあったといわざるをえない。

しかしながら、『世界平和般若波羅蜜多経』と『日本精神の解剖』は日中戦争への言及は奇妙なほど僅かである。そして、後者は「日本精神」と「世界平和論」の二部から構成されているが、「日本精神」については神道を柱とすると言いつつも、儒教と仏教を排斥した偏狭な国学者たちを批判して儒教と仏教に「依って日本精神を一層光彩あらしめた」（三上一九四一b：九二）と捉え、また「戦争を絶滅して全世界の人類を絶対平和の大磐石の上にあらしむが為に、自給自足の危険を排して共存共栄へ、戦争を惹き起す汚濁空気の清掃、世界語の設定」（三上同前書：一九一一）を提言している。日本という一国の枠を超え、世界、人類という次元で思索するようになっていたことも確かであろう。ここには時代の潮流とは違う何かが感じられないだろうか。

むすび

三上豊夷は、辛亥革命の際、中国中央銀行設立計画実現のために、日本政府・財界と孫文、黄興との仲介者として重要な役割を果たしたが、それは、元老・大臣会議が認めたように三上が「不偏不党ニシテ而カモ孫文ニ面識アルモノ」として日本の政治の中枢で認識されていたからであり、そしてそれは辛亥革命以前において孫文や黄興らと相互に信頼できるような厚い人間関係を築きあげていたからこそのことである。この計画は実現には至らなかったが、三上と孫文の関係を語る上では欠かせない歴史的事実である。三上はまた、一九一三（大正二）年八月の孫文の神戸上陸と日本亡命に際しても重要な役割を果たした。しかしその後、三上が孫文とどのような交渉をもったかは明らかではない。孫文が亡命者として日本に滞在していた一六年四月までの時期、おそらく三上は財政的に孫文を支え続けていたのではないだろうか。

一九二四年一一月二八日午前、三上は孫文の泊まっていたオリエンタルホテルを訪れている。三上と孫文との最後の会見で何が話されたのだろうか。その日の午後、孫文は「大アジア主義」講演を行っているが、会場に三上の姿があったかどうかは分からない。孫文は、「革命現在尚未成功」という言葉を遺してこの世を去ったが、三上もまた「中山の大業」が「成就」したとは思っていなかったに違いない。

さて、三上の孫文との交友はおよそ二〇年にも及んだ。しかも、この間、幸運丸事件、中央銀行設立計画そして神戸上陸・諏訪山潜伏など三上にとっては忘れがたい事件がいくつも連なっている。しかしながら、こうした出来事、さらには孫文との交友について三上自身が書き残したものは多くなく、それも断片的である。中国の沿岸開放による日中の経済交流の発展を提唱した「日支沿岸の開放」(『支那と日本』一九一三年一〇月、久保田文次二〇〇一)など海運業の視角からの主張はある。また、晩年、三上は、満洲事変から盧溝橋事件前後にかけて日々の出来事についての感想を『漫録』としてまとめている。そして三上は、アジア太平洋戦争開戦直前には、『世界平和般若波羅蜜多経』と『日本精神の解剖』などの著書を書いていた。しかし、前述のようにこれらの論文や著書では、孫文との交流についてはほんのわずかしか言及がない。萱野長知が『中華民国革命秘笈』で孫文はじめ中国や日本の友人たちとの多彩な交友関係について多くの記録を残したのと対照的である。これは何に由来するのだろうか。孫文らとの交友は、常時警察の監視のもとでなされていた。先にも紹介したように滔天も三上の家を訪れたとき、刑事がつきまとっていたことを冗談めかして書いているが（宮崎一九〇九・

三〇四～三〇五）、萱野も同じようなことを書き残している。

「当時革命と云へば一般の実業家連は戦慄して蛇蝎《だかつ》視したるにも拘らず、進んで中山と握手したる彼は一見識を有したものである。当時著者が三上宅を訪れ同家に宿泊したることは度々であったが其都度、刑事が尾行して逗留する間は同家の玄関口に据《すわ》り込み出入の人を物色し同家に迷惑をかけたことは多大である。然るに三上夫人は笑って此の煩を引受けられた事は感謝に堪へず終生忘る能はざることである、特に同志北輝二郎（一輝）を紹介して三上宅を訪問した時は刑事が面倒であったとの事であった。今になって思へばアノ当時能く世話をしてくれたと思ふのである」（萱野一九四一：八三～八四）

宮崎滔天も萱野長知も常時刑事の尾行を受けていたことには変わりはないが、中国革命や孫文について相当多くの文章を書き残している。三上は孫文や自らの行動や思想については文字としてあるいは言葉として残すことを警戒したのだろうか。絶対平和論を展開した『世界平和般若波羅蜜多経』は、「憲兵隊に知れるところとなり、軍部から非常な弾圧を受け、全部押収された。が、ただ一冊だけは、今日残っている。それは仏壇にかくされてあったものである。」（一隅社一九五八：九〇）という。いずれにせよ日中戦争時期も含め、三上の孫文や中国に対する考えを全体として理解するためには、『漫録』、『世界平和般若波羅蜜多経』、『日本精神の解剖』などをより精密に検討することが必要であるが、ここではその表面をなぞるに止まらざるをえなかった。今後の課題としたい。

宮崎滔天は、孫文に先んじて一九二二年に亡くなり、萱野長知は、日中戦争と「大東亜戦争」の結末を見届けて四七年にこの世を去った。三上は、アジア太平洋戦争の最中、四二年一〇月三〇日、神戸市須磨区塩屋町の自宅で没している。三上がこの時期に没したことも彼に対する評価を難しくしている。

一九一三年八月の孫文日本亡命の際には三上の命を受けて、外務省にも出向き、また二四年、神戸商業会議所副会頭として孫文に「大亜細亜」と題する講演を依頼した西川荘三は、三上を送る「弔詞」において、三上の人となりについて次のように讃えている。

「翁資性《しせい》豪宕《ごうとう》不羈《き》、思慮周密、事ヲ処スルヤ慎重ニシテ行フヤ果断、人ヲ遇スルヤ懇切ニシテ頗ル任侠ニ富ム一旦人ヲ信スルヤ飽クマテ之ヲ扶掖シ援助ヲ吝《おし》マス寔《まこと》ニ一世ノ師表タリシ其一例ヲ挙クレバ明治ノ末期ニ於ケル支那革命ニ敗レ亡命シ来レル孫文、黄興等ヲ救ヒ而モ自宅ニ之レヲ隠棲セシメ手厚キ庇護ヲ加ヘタリ加之彼等ノ再挙ニ当リテハ其謀議ニ参与シ自ラ船舶兵器ヲ提供シ孫文ヲシテ其革命ヲ成就セシメタリ之レニ見ルモ其任侠ノ一端ヲ証スルニ足リ到底凡人ノ為シ能ハサル所ナリ」（西川一九四二）

「任侠」の人三上豊夷、享年七九歳であった。

◎参照文献

〔日本語〕

一隅社出版部 一九五八『通運読本・通運史料・三上豊夷』（通運業務研究会）

革命評論社 一九〇七「『革命評論』発送原簿」（宮崎龍介・小野川秀美 一九七六『宮崎滔天全集』第五巻 平凡社）

萱野長知 一九二六「お隣へ」（久保田文次編『萱野長知・孫文関係史料集』高知市民図書館、二〇〇一）

萱野長知 一九四〇「孫文と交遊三十年」（久保田文次編『萱野長知・孫文関係史料集』高知市民図書館、二〇〇一）

萱野長知 一九四一『中華民国革命秘笈』（皇国青年教育協会）

久保田文次 二〇〇一『萱野長知・孫文関係史料集』（高知市民図書館）

久保田文次 二〇〇三「アジア主義者萱野長知の振幅：日中戦争期を中心に」（ワークショップ：「アジア主義研究の行方」報告書）

阪谷芳郎『阪谷芳郎日記』（国立国会図書館）

﨑村義郎著久保田文次編 一九九六『萱野長知研究』（高知市民図書館）

孫文 一九一九「致萱野長知函」一月三日（広東省社会科学院他『孫中山全集』第一巻、中華書局、一九八一）

陶陶亭 一九六三「陶陶亭由来」（久保田文次『萱野長知・孫文関係史料集』高知市民図書館、二〇〇一）

西川荘三 一九四二「弔詞」（一一月一日）

原敬『原敬日記』（国立国会図書館）

三上豊夷 一九一三「日支沿岸の開放」（『支那と日本』一〇月、久保田文次『萱野長知・孫文関係史料集』高知市民図書館、二〇〇一）

三上豊夷 一九三一 「昭和辛未除夜所感」（『漫録』）

三上豊夷　一九三三ａ「山成喬六宛書簡」四月三日（『漫録』）
三上豊夷　一九三三ｂ「明倫会政務部宛書簡」六月八日（『漫録』）
三上豊夷　一九三三ｃ「日記」（『漫録』）
三上豊夷　一九三七ａ「北支事変有感」八月二四日（『漫録』）
三上豊夷　一九三七ｂ「戦争の事」（『漫録』）
三上豊夷　一九三七ｃ『漫録』
三上豊夷　一九四一ａ『世界平和般若波羅蜜多経』（田中印刷出版、三月）
三上豊夷　一九四一ｂ『日本精神の解剖』（立命館出版部、一一月）
宮崎滔天　一九〇九「宮崎滔天氏談／宮崎滔天氏之談」（宮崎龍介・小野川秀美『宮崎滔天全集』第四巻　平凡社
　一九七三）
宮崎滔天　一九一二「宮崎槌子宛」一月一〇日（宮崎龍介・小野川秀美『宮崎滔天全集』第五巻　平凡社　一九七六）
李廷江　二〇〇三『日本財界と近代中国　辛亥革命を中心に』（御茶の水書房）

〔文書〕
外交史料館（外務省）
一九〇九「清国革命党員ノ来去ニ就テ　兵発秘第二五号」一月二二日（『各国内政関係雑纂　支那ノ部　革命党関係（亡命者ヲ含ム）』第三巻、1－6－1－42－1）
一九一三「孫逸仙ノ渡来ニ就テ　兵庫県知事服部一三より牧野外務大臣宛」八月一〇日（『各国内政関係雑纂　支那の部　革命党関係（亡命者を含む）』第六巻、1－6－1－42－1）
防衛研究所図書館（防衛省）
一九一一「三上豊夷よりＷｏｎｇ ｓｉｎｇ宛電報」一二月三〇日（『清国事変書類』巻一七）

一九一二ａ「最上機密第一五一号ノ四八　明治四十五年一月十二日　武部最上艦長　清国事変ニ関スル警備概報（第四八）」一月一二日（「清国事変書類」巻二九）
一九一二ｂ「最上秘報　一月十二日　私信（第四回）」一月一二日（「清国事変書類」巻三一）
一九一二ｃ「最上艦長ヨリ海軍大臣宛電報」一月三一日（『清国事変書類』巻一一）

2　二人の楊寿彭

呉錦堂や王敬祥の下にあって、国民党、中華革命党そして中国国民党の神戸支部の実際上の活動を支えた楊寿彭については、孫文との深い関係、神戸華僑社会における重要な役割にもかかわらず残念ながらあまり知られていない。特に、辛亥革命の前半生については、彼自身何も書き残していないこともあって生年や生地を始めとして分からない点が多く、その結果神戸華僑史においても依然重要な点が謎として残されたままとなっている。

そこでまずここでは、辛亥革命前の楊寿彭の歩みを辿る一つの手がかりとして、ベトナムのハノイで活躍した楊寿彭と神戸の楊寿彭とが同一人物かどうかという問題について考えてみたい。一九八七年、神戸華僑歴史博物館館長陳徳仁先生（楊寿彭の女婿）は、暨南大学南洋研究所徐善福教授と「楊寿彭はベトナムにいた人物かどうか」という点を巡って意見交換をされていた。しかし当時私はこの問題について全く関心がなく、陳先生も九八年に逝去されて、二人の間の結論がどうなったのか分からないままである。いうまでもなくこの点は、辛亥革命前に、神戸に興中会や中国同盟会の支部があったのかどうか、同会の会員がいたのかどうかという問題と連関する重要な問題である。

孫文と接触のあった神戸華僑としては、一九〇〇年八月二五日、孫文が諏訪山の中常盤で孫文と夕食をともにした張殿芳（外交史料館一九〇〇）、〇一年七月一日、西村旅館滞在中の孫文が会おうとしていた「同志タル当市栄町一丁目清商二百番伍鳳顕」（外交史料館一九〇一）などの名が外務省史料に出てくるが二人の詳細は不明。

ハノイの楊寿彭

孫文は、一九一九年に出版した『孫文学説』のなかの「孫文自伝」とも称される「志あればついに成る（有志竟成）」のなかで

「ハノイで華商の黄龍生、甄《けん》吉亭、甄《けん》壁、楊寿彭、曾斉らと知りあい、後に同志となったが、彼らは欽廉、河口などの役で非常に尽力してくれた」（孫中山一九一九）

と記している。一九〇七年三月四日、孫文は、日本政府の事実上の国外退去命令を受けて横浜を出発、香港、シンガポールを経由して三月下旬ハノイに到着した。孫文は、ハノイを拠点に、ハノイ華僑の

黄龍生、甄壁、楊寿彭、曾斉らとともに武装蜂起を計画した。しかし、〇七年一二月の鎮南関蜂起の後、〇八年一月、仏領インドシナ当局は孫文を国外退去処分にした。孫文は、ハノイを離れ、シンガポールに向かう。〇八年三月末、孫文の命を受けた黄興は、ベトナムに近い広東省の欽州、廉州で同時に武装蜂起を起こし（欽廉蜂起）、さらに四月末、黄明堂や楊寿彭らは雲南の河口で武装蜂起（河口蜂起）を挙行したが、二つの蜂起はいずれも失敗に終った。一〇月一一日、孫文は、林義順に手紙で河口蜂起後インドシナ当局から追放され、シンガポールに来る革命派の軍人たちの受け入れを依頼し、さらに一〇月二〇日、呉悟叟《そう》に対して、ハノイの「華人幇《ばん》長楊寿彭」ら二人がシンガポールへ来たので宿の世話をしてほしいと依頼している。ハノイの楊寿彭は、〇八年一〇月、シンガポールに滞在していたことは確実である。

ところで孫文がハノイの楊寿彭に会うのは、このときが初めてではない。馮自由は『華僑革命開国史』（商務印書局、一九四六年）の中で次のように書いている。

「壬寅《じんいん》の年、総理がハノイの大博覧会を参観した際、当地の華商楊寿彭、黄隆生、甄吉廷、張奐《かん》池、呉梓《し》生等と興中会分会を設立した。丁未《ていび》の年の春に及び、総理は三省で軍事行動を起こすために、ハノイに滞在し、……、興中会を同盟会に改組した。前後して入会したものには楊寿彭、黄隆生、呉梓生、張奐池、甄吉廷、王和順……等数百人がいた。」（馮自由一九八一 a）

「壬寅」とは一九〇二～〇三年、「丁未の年の春」とは〇七年春のことである。この楊寿彭について馮自由は「興中会会員人名事蹟考」においても

「楊寿彭 南海 米商 ハノイ 興中会 壬寅　ハノイの大商の資格を以て、華商の幇長に推挙され、総理はフランス人と折衝する際には多くは彼の手を借りた。丁未雲南河口之役では、黄隆生とともにベトナムの司法当局により国外退去を命ぜられた。」（馮自由一九八一b）

と書いている。すなわち楊寿彭は広東省南海人であり、「ハノイの大商」だった。そうであるとすれば彼はそれよりもはるか以前からハノイにいて「米商」として活躍していたと推定してよいだろう。また、この楊寿彭は一九〇二（三）年の興中会ハノイ分会結成から〇七年の同盟会ハノイ分会結成の間、外国、たとえば神戸や澳門《マカオ》にいたとは考え難い。

ところで中国の余斉昭氏は、その著『孫中山 文史図片考釈』（広東省地図出版社、一九九九年）の中で、一枚の写真を取り上げ、「孫中山、黄興、楊寿彭らと一九〇八年一月ハノイで集合写真を撮る」（一一三）というキャプションをつけている。そして本文のなかで、

「一九〇八年、楊寿彭はハノイから追放されて香港に至り、同年一〇月、楊は香港からシンガポールへ、後に日本の神戸に転じ、一九一二年国民党神戸支部副部長に任じ、一九一四年神戸華僑商業研究会会長となった。」（二四）

と書かれている。しかしながら、すでに述べてきたところからも明らかなようにこのような見方には問題がある。そもそも、写真の人物が楊寿彭であるとは、何に基づくものであるのか、説明がない。余氏は、楊寿彭は一八八二年の神戸生まれ、とされているが、そうだとして、いつハノイに渡ったのか、一九〇二年当時わずか二〇歳の、神戸から来たばかりの青年がどのようにしてハノイの「大商」や「華人幇長」になり、孫文とベトナムのフランス植民地当局との間を仲介することができたのか、説明は難しい。

神戸の楊寿彭

では神戸の楊寿彭はいつ、どこで生まれたのだろうか？　この問いに迫るために、まず彼の父母の経歴について確認しておこう。この点については、楊寿彭の長子であり、父の下で中国国民党員として神戸で活動していた楊永康（一九〇五～一九八五）がまとめた以下の資料と彼へのインタビューが参考になる（陳徳仁コレクション蔵）。
楊永康A「源遠流長　五華楊氏重修族譜建議」
楊永康B「樹備同志」一九八一年四月
楊永康C「履歴書」一九八一年
楊永康D「日本の中の中国人 インタビュー 在日華僑四代目 楊永康さん」（『朝日新聞』一九七八年八月一四日）
楊永康E　Dの中国語訳（訳者は楊自身）

楊永康は一九三七年九月、父とともに神戸で逮捕、投獄、国外退去にされている。以下は、この五種の資料に基づいて楊寿彭の経歴と活動を再構成したものである。

楊寿彭（1881〜1938）

楊寿彭の祖父楊祥元は福建省に近い広東省五華水塞楊氏の第一七世だが、出生地は不詳、太平天国滅亡後、香港に流れ、そこで商業を営み、譚瑞玲《たんずいれい》と結婚したが仕事に失敗して間もなく亡くなっている。

譚瑞玲は、一八四二年（道光二二年壬寅一一月一三日）、広東省順徳県竜山の生まれ（A—二六頁）、一九二七年一月一二日、亡くなっている。聡明かつ気丈、纏足を拒否した。父が妾を持つと母を連れて香港に移り、一八歳で楊祥元と結婚、一子（錦栄）を身ごもるが祥元死没により一九歳で寡婦となる。瑞玲は、錦栄と母を抱え、生計を立てるためにイギリス人医師スミスの家で家事働きをしていたが、やがてスミスから助産婦の技術を学ぶ。その後スミスに従って横浜に来て、Mrs. Ah Ling の看板を掲げ（A-一二一頁）、西洋人を主たる対象とした助産婦の仕事を行う。ピジンイングリッシュだったが、英語がよくできた。瑞玲は、仕事が軌道に乗ると息子の錦栄を横浜に呼び寄せた。錦栄一二、三歳の頃である（A-一二三頁）。

第一八世の楊錦栄は幼名合隠、号は文忠（A-一二六頁）。黄氏と結婚。三男二女で長男は耀昌、次男は鴻昌、すなわち寿彭。錦栄は成長してP&O（英国汽船会社）の買弁（comprador）となる。英名をYeung Hopと称した（A-一二六頁）。これは楊合（幼名合隠）の広東語の発音を基にした英語名である。一八八九年のKobe Directory（以下Directory、本書については［立脇和夫　一九九六］による）に、神戸のP&Oの社員としてYong Hopの名が登場するが、これが錦栄である。Directoryには九二年までYong Hopの名が掲載されている。神戸の住居は、神戸市下山手通二丁目三一番地（A-一二四頁）。九三年のDirectoryにYong Hopの名が出てこないのは錦栄が病没したためだろう。なお、Directoryによれば、一八九五年から一九〇一年まで、神戸のP&Oの買弁はLi Fook Taiという人物が担当しているがこれは錦栄の友人李暉《き》亭のことである（楊永康-A）。

第一九世は鴻昌（長兄の耀昌は一九歳で病没）、すなわち楊寿彭、幼名は章漆、寿彭は号。妻は杜《と》麗嬋《れいせん》と吉岡文江（A-一二七頁）。生年については諸説ある。内務省警保局保安課外事係編『大正一五

年昭和元年度　外事警察事務要覧』（一七頁）には「清光緒七年五月」と記載されており、これによれば一八八一年五月〜六月、になる。ただ、『特高外事月報』（一九三七年九月分）の「被検挙者並事案の要旨」には逮捕時（一九三七年）の楊寿彭の年齢を五三と記載していて、これによれば生年は八三年か八四年になる。ここでは、楊寿彭の生年としては前者の「清光緒七年五月」という記述を採り、生年を一八八一年として以下の考察を進めていく。

次に生地であるが、父の錦栄が神戸に来るのは一八八九年と推定されるので、楊寿彭の生地は神戸ではなく横浜といえよう。父死後楊寿彭は、祖母瑞玲の考えにより横浜の表兄《いとこ》黄焯《しゃく》民の下で「学徒」として修行に励む（A-二五頁）。黄焯民は、横浜興中会会員の黄焯文と兄弟だろう。九八年三月二一日、楊衢雲《ようくうん》が横浜に来ている。楊寿彭は楊衢雲の夜塾で革命思想を学ぶ（B-五頁）。この時期、楊寿彭は楊衢雲を介して孫文と会っていたものと思われる（B-五頁）。九九年に兄耀昌が病没すると、その後をついでP&Oの中国人経理となったという。ただし、当時、楊寿彭はまだ一八歳に過ぎなかったことを考慮すると、兄の死後すぐにその職を継いだかどうかについては疑問が残る。

楊寿彭は、やがて澳門に戻って杜麗嬋と結婚し、一九〇五年に長男永康が生まれた（C-一頁）。楊寿彭が、神戸とのかかわりで顔を出すのは、私の知るかぎり、〇八年の Directory にP&Oの買弁として Yeheong Team の名で出てくるのが最初である。楊寿彭の英名は Y.C.Team である（A-二七頁）。これは、楊寿彭の幼名章添の広東語の発音に基づくローマ字表記（Young Cheong Team）である。

〇九年のDirectoryにはY.Cheong Team、一〇年のにはYoung Cheong Team、一一年、一二年には元に戻ってY.Cheong Teamという名で出ている（立脇和夫一九九六）。

以上のことを踏まえて、ハノイと神戸の楊寿彭について整理しておこう。第一には、神戸の楊寿彭が生まれた年は、一八八一年、生地は横浜と推定される。一方でハノイの楊寿彭の話が初めて出てくるのは、一九〇二年一二月、孫文が横浜からベトナムに行った時である。〇二年当時、神戸の楊寿彭はわずか二〇〜二一歳であり、〇八年としても二六〜二七歳であってとても「ハノイの大商」の資格を以て、「華商の幇長」に推挙され、「総理〔孫文〕はフランス人と折衝する際には多くは彼の手を借りた。」（馮自由一九八一b）などという大役を果たすほどの人物になっていたとは思えない。神戸の楊寿彭は〇五年には澳門におり、〇八年には神戸でP＆Oの買弁となっていた。ハノイの楊寿彭と神戸の楊寿彭とは同姓同名だがまったくの別人と考えるのが妥当であろう。第二には、楊寿彭は横浜で楊衢雲の薫陶を受け、孫文とも会っていた可能性が高いと考えられる。この点は、後に神戸での楊寿彭の活躍とその地位急上昇の経過を考えるうえで重要である。

楊寿彭が、神戸の華僑社会に登場するのは、神戸華僑同文学校（現在の神戸中華同文学校の前身）幼稚園に長男の永康を入園させてからである。一九一〇年の同幼稚園第三期卒園生名簿に永康の名が出ている。同幼稚園は二年制だから、永康は〇八年に入園したのであろう。すなわち楊永康は、〇五年、澳門に生まれ、〇六年に母杜氏とともに来神、下山手通二丁目三一番地に住み（C−一頁）、〇八年入園ということになる。ちなみに永康は一〇年、同校初等科入学、一四年に第八期生として卒業、同年高等科進学、一七年第一二期高等科を卒業する。楊寿彭は自分の子女のほとんどを同文学校に入園・入学させている。これに伴い、楊寿彭自身も学校の運営にも顔を出すようになる。一二年には同校の「核数」（監事）を担当するようになる。ちなみにこの年、呉錦堂と王敬祥とは「協理」（副理事長）である。なお、楊寿彭の子どもたちの籍貫はすべて「順徳」となっている。ただ楊永康は第一世祖（開基祖）楊椿《ちん》以降は、広東省五華（旧名長楽）を楊一族の籍貫としている（A‐一六頁）。順徳は、曽祖母譚瑞栄の故郷である。

一九一一年一〇月の武昌蜂起から一月後の一一月二六日、神戸では王敬祥が先頭にたって中華会館で中華民国僑商統一聯合会を結成し、革命支持を鮮明に打ち出した。しかし、この会の役員の中には呉錦堂だけでなく楊寿彭も名を連ねていない。

中華民国僑商統一聯合会の第二回大会（一九一一年一二月三日）では、中国閲書社員を称する王文煊《けん》が登壇して激越な演説を行っている。王は、前領事王万年の姪で同文学校生徒という。また、この日、革命政府支援の義捐金の呼びかけには、閲書社が率先して百円を出している。今日の二〇～三〇万円になろう。この閲書社は、神戸では一九〇七年に創立されたものといわれ、また楊永康は、楊寿彭が組織したものとしている（B‐五頁）。しかし、辛亥革命以前の楊寿彭の活動についての詳細は依然よく分からない。

◎参照文献

〔日本語〕
立脇和夫　一九九六〜九七　『幕末明治在日外国人・機関名鑑：ジャパン・ディレクトリー』全四八巻、別巻二（ゆまに書房）
楊永康Ａ　楊永康「源遠流長　五華楊氏重修族譜建議」
楊永康Ｂ「樹備同志」一九八一年四月
楊永康Ｃ「履歴書」一九八一年
楊永康Ｄ「日本の中の中国人　インタビュー　在日華僑四代目　楊永康さん」（『朝日新聞』一九七八年八月一四日）
〔中国語〕
孫中山　一九一九「孫文学説」（中山大学歴史系孫中山研究室等合編『孫中山全集』第六巻、中華書局、一九八五年）
馮自由　一九八一ｂ『革命逸史』第四集
余斉昭　一九九九『孫中山文史図片考釈』（広東省地図出版社）
〔文書〕
外交史料館（外務省）
一九〇〇「清国人帰国ノ件　兵発秘第四八三号　八月二五日」（『各国内政関係雑纂　支那ノ部　革命党関係（亡命者ヲ含ム）』第三巻）
一九〇一「清国亡命者ノ来神ニ就テ　兵発秘第三一五号　七月二日」（同前）

3　呉錦堂・王敬祥・楊寿彭

一九三七年七月の盧溝橋事件から一年経過した三八年六月、商工省貿易局から一冊の調査報告書が刊行された。『阪神在留ノ華商ト其ノ貿易事情』である。同書の編纂を担当したのは大阪貿易事務所貿易局嘱託神田末保であるが、本書の基となった調査に際して、とくに華商に関する情報は、大阪と神戸の「両外事課、貿易商二川登三郎、大阪華商商会顧問吉川見吉、神戸中華会館、神戸広業、福建及び三江の各公所主事等」（商工省一九三八：凡例）から得たとしている。日本では、一五年戦争時期、特に盧溝橋事件以降、官庁サイドの華僑への関心が高まるのだが、本書もそうした潮流の一端である。

さて、同書では、神戸華僑史を、第一期　渡来時代（開港より明治一〇年頃）、第二期　建設時代（明治一一、一二年頃）、第三期　全盛時代（明治二二、二三年頃から明治末年頃まで）、第四期　貿易商の退歩と労働者階級の進出（明治末年以降）の四段階に区分している。これによると、大正時代は「貿易商の退歩」の時期ということになる。たしかにこの時期は日本商社による「直貿易」が本格化する時期であり、華商の役割が次第に圧縮される趨勢にあったことは同書の指摘するとおりであるが、しかし大正時代はまだ神戸港を通じる貿易において華商の果たす役割は大きなものがあった。大正時代は、さまざまな矛盾をはらみつつではあるが神戸華僑史においてもっとも華やかな時期だったといえよう。

なお、神戸における直輸出は一八八九年、兼松商店が陶器をオーストラリアに輸出したのが始まりで（商工省同前書：一四〇）、中堅商人が直輸に進出するのは日清戦争後の田嶋商店、鶴谷商店などである。当時日本人商社で直輸に進出するものは、「先ず対支貿易から台頭したものが多く、華商人に出入りした仲介業者或は売込商が華商に就て実地に学ぶ事に負ふ処多かったものである」（商工省同前書：一四二）。日本人が東アジアに進出していくのには華商の導きがなお必要だったのである。

神戸華僑の歴史は、一八六八年一月の兵庫（神戸）開港に始まる。その年十余人だった兵庫県在住中国人は、一九一二（大正元）年、一八三一人、二六（大正一五）年、五六五三人に増加し、三〇年、六七八〇人と戦前最高を数えるにいたる。ちなみに三〇年の在日中国人総数は三万八三六人、大阪は三六三九人であり、兵庫県在住の中国人数は日本全体の二二％を占め、大阪の約二倍であった。

また、神戸港は日本有数の貿易港として横浜、大阪と競合していたが、日本全体の貿易額において神戸港は一二（大正元）年、輸出で二九％、輸入で四九％、総額では四〇％を占め、二六（大正一五）年のそれは、輸出で三三％、輸入で四四％、総額で三九％を占め、日本屈指の貿易港として栄え、また、中国はアメリカ、英領インドとともに神戸港「通商圏の重鎮」（神戸税関一九三二：一一三八）

であった。もっとも対中国貿易に関しては、大正期に入ると日本人商人による直輸出入の伸展、大阪港の比重の急速な増大と大阪華商の台頭などが注目されるようになる（陳來幸二〇〇三：二四八）。

神戸華僑は、主には広東、福建そして三江（江蘇、浙江、安徽など長江中下流域を指す）の三つの地域から渡来し、それぞれ華商中心に出身地別の団体を組織していた。また一八七八年には、清国駐神戸理事府が開設された（九七年、領事府に改称）。さらに、九三年に神阪中華会館が誕生し、九九年には神戸華僑同文学校（一九三九年、神戸中華同文学校に改称）が創立、そして一九〇九年には神戸中華商務総会（一九年、神戸中華総商会に改称）が創設されている。日清戦争前後から出身地を超えて、中国あるいは中華の意識の下、神戸華僑社会全体をまとめる団体や学校が成立しており、明治末には神戸華僑社会の骨格が形成されたといってよいだろう。

日露戦争時期の一九〇五年、神阪中華会館は社団法人として認可されたが、その登記書には、広東幇の麦少彭、福建幇の王敬祥、そして三江幇の呉錦堂の三名が名を連ね、各二万円を法人の資産として出捐している（当時、白米一〇kgが一円余だった）。なお、麦少彭と王敬祥は〇一年、呉錦堂は〇四年、それぞれ日本国籍を取得している。当時、外国人は土地所有が認められていなかった。所定の資産の所有が条件とされた中華会館の法人化のためにも呉錦堂らは日本国籍

麦少彭（1861 ～ 1910）

を取得したのだろう。

麦少彭、呉錦堂、王敬祥は明治末神戸華僑の代表的人物、僑領といえる存在だった。三人とも貿易商（華商）である。麦少彭は一八六一年、広東省南海県の出身、父梅生とともに八〇年代初に来日、怡和《いわ》号を起こし、瀧川辨三の東洋燐寸会社の製造したマッチを中国で販売することで財を蓄えた。神戸華僑同文学校の創設にかかわり、初代理事長を務め、華僑社会の重鎮だった。一九〇六年、梁啓超は、須磨にあった麦少彭の怡和《いわ》山荘に寄寓している（梁啓超は双濤園《そうとう》と称した）。しかし、〇八年、麦少彭は事業に失敗し、一〇年、香港で没し、神戸華商の代表的存在だった麦少彭は明治末に忽然姿を消してしまう。

呉錦堂は、一八五五年、浙江省寧波府慈渓県の生まれ、九〇年、神戸に来て怡生《いせい》号を設立、貿易と海運を営む。呉錦堂も瀧川辨三と提携してマッチ販売で財を成した。呉錦堂は、一九〇四年、鐘紡の株を取得して監査役を務め、また〇七年、東亜セメントを起こして製造業にも進出した。大正時代になると呉錦堂は阪神財閥の一員にも数えられるようになる（「大正富豪番付表」では、呉錦堂の資産は三〇〇万円となっている）。

呉錦堂（1855～1926）

その一方で呉錦堂は、寧波幇、三江幇の一員として、盛宣懐（江蘇省常州人）、虞洽卿《ぐこうけい》（浙江省鎮海人）、張謇《けん》（江蘇省南通人）

王敬祥（1872 ～ 1922）

らこの地域出身の有力者たちと太い絆を作り上げ、事業を活発に展開した。上海で義生洋行を設立してマッチ販売を展開しながら、一九〇三年、来日した張謇とも知り合い、張の設立した大維公司への投資などにも乗り出す。〇八年、盛宣懐の設立した漢《かん》冶萍《やひょう》公司の株を取得し、また〇六年来日した虞洽卿とともに、〇九年には寧紹輪船招商局を創立している。故郷の慈渓では湖の水利建設や学校の開設、神戸では小東野（現在の西区にある）の開拓に取り組み、災害時には多額の義捐金を拠出するなど慈善事業の面でも大きな足跡を残し、〇四年から〇七年、一四年から二〇年、中華会館理事長を務めている。

王敬祥は、一八七二年、福建省同安県金門島の生まれ、九九年頃義父王明玉の後をついで復興号店主となり、一九〇七年、中華会館の理事長に就任、一〇年には横浜正金銀行神戸支店の買弁となった。

ここでは、呉錦堂、王敬祥そして楊寿彭の三人を中心に、大正時代の神戸華僑と神戸の政・財・官各界との交流の歴史を辿ってみたい。

中華民国華商統一聯合会と東亜協会（一九一一年）

一九一一年一〇月一〇日に勃発した武昌蜂起の様子は、三日後の一三日には『神戸又新日報』や『神戸新聞』でも詳細に報じられるようになる。当初、神戸華僑の反応はさまざまだったが、一一月二六日、王敬祥らが中心になって、中華会館で中華民国僑商統一聯合会の結成大会を開催するに及んで、一挙に革命支持へと固まっていった。聯合会は、清朝否認、中華民国建国支持の立場を鮮明に打ち出し、革命派への資金援助、青年を中心にした義勇軍の派遣を進めた。統一聯合会の役員は左記の通りである（『神戸又新日報』一九一一年一一月二七日、一部修正）。

会長　王敬祥
副会長　周子卿、廖道明
義董　劉次荊、簡東浦、楊海寿、林篤為、陳袞裳、馬聘三、鄭祝三、曾苐臣、杜意筠、黄壮飛、藍抜群、徐恵生、何世錩、杜蓀伯
核数　簡蔭南
会計　鄭雪波、
理財　黄煜南
総庶務委員　黄卓山
幇助　郭祝堂
書記　汪吉文

義董の一部が一二月の第二回の会合で辞任し、代わりに汪蓋遜《おうがいそん》、鄺汝磬《こうじょけい》、陳潔璘、劉思弟、簡照南、鄭偲顔《ていしがん》、黄楚行、盛綬江が選出された（『神戸又新日報』一九一一年一二月四日）。

黄卓山は興中会横浜分部の一員であり、鄺汝磬も横浜の中西学校創設者の一人といわれる。しかし、ここには呉錦堂と楊寿彭の二人の名前は見えない。

このように華僑が革命支持の方向へ大きく舵を切ろうとしていたとき、神戸の政財界の人々は、華僑とともに東亜協会の再建に向かう。一二月一六日、湊川にある神戸随一の料亭常盤花壇で、東亜協会再建の会合が持たれた。発起人は、兼松房治郎、松方幸次郎、小寺謙吉、鹿嶋房次郎他五名で、来賓として華僑側からは呉錦堂、杜意筠、王敬祥、周子卿他三七名、日本側は村野山人神戸電気鉄道社長、内村直俊神戸電気社長、そして三井銀行、三菱銀行、横浜正金銀行、住友銀行、東洋汽船、大阪汽船の各支店長など二五名が招かれている。

この会で王敬祥は、一一年一一月に結成した中華民国僑商統一聯合会と東亜協会とが「東亜の平和を確保」するという目的において共通すると述べ、周子卿は、革命軍による新政府への承認を日本側に要請している（『神戸又新日報』一九一一年一二月一七日）。これは華僑側の発言であるが、日本側としても基本的に同意できる内容のものと受け止められたに違いない。この記事には、参加者全員の氏名が載せられていないが、華僑側は呉錦堂ら四一名、日本側は発起人の五名を含め三三名が一堂に会したとされている。

ところで、このような日中経済人の集まりは、神戸では日清戦争後の一八九七年七月、大阪在住の華僑（主に広東系）が多数神戸に移住してきた時、神戸の実業家兼松房治郎、瀧川辨三、山本亀太郎、平野重太郎らが代表になって「日清商人」の懇親会を開催したのが始まりである（『大阪朝日新聞』一八九七年一〇月一五日、村田誠二一八九八：三九六～三九七）。翌九八年三月には金靄堂《きんあいどう》、鄭柏年、呉錦堂、蔡念庭ら華僑側が主催者となって大森鍾一兵庫県知事ら官民五〇余名を招いて、中華会館で「日清親睦宴会」を開催している（『神戸又新日報』一八九八年三月一五日）。この時の華僑側出席者三二名は次の通りである。

鄭雪濤、藍卓峰、鮑子卿、容翰屏、金靄堂、孫通江、呉錦堂、王明玉、柯謙友
鮑載之、蔡念庭、蘇寅生、徐莜春、朱瑞宇、張瑞□、鄭悦亭、麦少彭、黄煜南
李耀旒、黄文珊、陳達生、葉香泉、陳冠之、盧紹庭、戴金樹、万碧山、羅籍生
陳杏村、呉福権、黄□初、馬聘三、楊符三（□は文字不明）

中華民国僑商統一聯合会は、一九一二年三月末に解散し、また神戸における東亜協会のその後の活動についても不詳であるが、辛亥革命に触発されたものとはいえこのように神戸華僑と神戸の行政と財界の代表とが一堂に会していたことが注目される。神戸の華僑と日本人側との親密な交流関係を如実に示すものといえる。

さて、王敬祥は、一九一二年一月初、東京に行き、外務省、内務省、尾崎行雄東京市長、後藤新平

を訪問、革命政府支持を訴えた（『神戸又新日報』一九一二年一月一四日）。呉錦堂は革命派の上海都督府財政部（部長朱葆三）へ献金している。朱葆三は浙江省定海県の人で寧波幇の一員であり、鐘紡との合弁会社上海製造絹糸股份有限公司の総経理でもあった。一月三日、漢冶萍《かんやひょう》公司支配人盛宣懐が神戸に来着、塩屋のホテルに投宿、後に須磨の梁啓超の双濤園に滞在するが、呉錦堂は王敬祥とともに盛宣懐の神戸滞在を世話している。さらには一月二九日、横浜正金銀行上海支店理事小田切万寿之助が神戸に来て盛と会談し、漢冶萍公司日中合弁暫定契約を結んでいるが、これにも呉錦堂は関与していた（中村哲夫二〇〇五：一一九～一二〇）。その一方、呉錦堂は駐日公使汪大燮《おうだいしょう》とも連絡を取り合っていたが、その内容は不明である。

国民党神戸交通部と孫文歓迎

一九一二年九月三〇日、〇六年以来須磨に滞在していた梁啓超が湯覚頓とともに大信丸に乗って中国に戻っていった。梁と入れ替わるかのように、一〇月二二日、宮崎滔天が帰国、孫文が一一月に来日すると語った。一〇月三〇日、神戸華僑のリーダーたちは、中華会館において孫文歓迎のための準備会を結成した。日本人側でも鹿嶋房次郎神戸市長や松方幸次郎神戸商業会議所会頭らが中心になって歓迎準備にとりかかった。神戸華僑による孫文歓迎準備委員会のメンバーは次の通りである（鴻山俊雄一九七九：四九～五〇）。

会長　呉錦堂
副会長　楊秀軒、王敬斗
幹事　潘霖生、劉次荊、汪益遜、李光泰、杜意筠、陳袞棠、鄭金桂、簡蔭南、
　　　李景璵、招愛珊、黄卓山、何世錩、王文達、簡東浦、周渭泉
接待員　鄭祝三、関蕙荃、鄭咫顔、柯謙友、徐蕙生、曾茀臣、楊寿彭、何尭初
　　　黄寿銘、周子卿、潘沢生、廖道明、馬聘臣、楊柳塘、李燧生
書記　唐子洪、杜蓀伯、楊菊生、毛言六、汪吉人、沈秀為

幹事の中に先述の黄卓山がおり、そして接待員一五名の一人として楊寿彭の名が出ている。孫文との関係で、楊寿彭が登場するのはこの時が最初である。この時は、西園寺公望内閣が孫文の来日を拒否したために計画は延期された。一二月、西園寺内閣が陸軍二個師団増設問題で倒れ、替わって桂太郎が首相となった。

年が明けて一九一三年一月一九日、国民党神戸交通（連絡）部が結成された。正部長は呉錦堂、副部長は王敬祥と楊寿彭である。ここに初めて、孫文の活動を支援する神戸華僑の団体が公然と姿を現した。

表1は神戸交通部役員の一覧表であるが、注目されるのは、第一に呉錦堂が一支部とはいえ国民党

表1　国民党神戸交通部職員表（1913年3月13日現在）

正部長	呉錦堂
副部長	王敬祥　楊寿彭
評議員	王敬斗　黄寿銘　簡照南　陳漢一　鄭朝英 何暁初　黄楚珩　阮成楫　杜葦余　鄭金桂
総務幹事	楊電舫
交際主任	藍抜羣
交際員	鮑奕筠　鮑祉程　余介眉
会計員	廖達廷
審計員	鄭華民
文事主任	游莘農
文事幹事	柯延禧　鄭紹芬　蕭鏡秋
庶務主任	陳秉心
庶務幹事	蕭鏡秋　黄升南　容伯筌
調査主任	李嶧菜
調査員	郭耀棠　楊其焕　何沂東

出典　「中華国民党神戸支部歓迎紀念撮影」（大正2年3月13日、『孫文先生東游紀念写真帖』1913年6月）。なお、「中国国民党神戸交通部職員名表」（1913年1月13日、『国民雑誌』第一号（1913年4月）によれば、会計員の廖達廷は鄭達英と、庶務幹事の容伯筌は容伯全となっている。

という政治団体のトップの正部長として顔を出している点である。これは、この時期特有の政治的環境が可能としたのである。すなわち、一つは中国の国内政治である。孫文が、「籌弁全国鉄路全権（全国鉄道建設大臣）」という北京政府の一員となっていて、また国民党が合法政党として認められ、選挙という合法的方法により政権獲得を目指していたということ、すなわち孫文らが時の権力者袁世凱と内実はともかく少なくとも表面的には良好な（非敵対的）関係にあったということである。もう一つは、日本政府や財界が孫文と袁世凱との関係が良好であったことで、孫文を「準国賓」扱いにして大歓迎の姿勢をとったという点である。この二つの特徴は、三〇年にわたった孫文と日本との関係においてこの時期独特のものであった。そして呉錦堂が政治活動に公然と関わるのもこの時だけである。

第二に注目されるのは、この神戸交通部の役員に、楊寿彭が突然王敬祥と並んで副部長の地位に就いたという点である。先にも述べたように、楊寿彭は、一二年一〇月の神戸華僑による孫文歓迎準備会の役員の中では、接待員一五名の中の単なる一員に過ぎなかった。一二年一〇月末から一三年一月にかけてのわずか二月半の間に、楊寿彭は神戸華僑社会のなかで一挙に大きな位置を占めるようになったのである。

呉錦堂、王敬祥ら神戸華僑社会の有力者たちと楊寿彭との交流が、孫文歓迎準備の中で急速に深まったのは事実であるが、それだけでは説明不足であろう。楊寿彭は、当時P&Oの買弁に過ぎず、経済力の面ではみるべき実力を備えていたとはいえず、神戸に来てまだ日も浅く、年齢的にも三〇歳を越えたばかりである。「怡生号」の呉錦堂や「復興号」の王敬祥らが楊寿彭を自分たちと並ぶようなポストに就けたのには、なんらかの特別な事情があったと考えざるをえない。先述したように楊寿彭が横浜在住時期にすでに楊衢雲《ようくうん》とそしておそらくは孫文とも会っていたことが重要な要因となっていたのではないだろうか。先述のように楊永康は、楊寿彭は興中会と同盟会の会員だったとしているが、この点については、会員名に詳しい馮自由の『革命逸史』などでも確認できない。しかし、いずれにせよこの一三年一月を起点として、楊寿彭と呉錦堂、王敬祥、とりわけ呉錦堂との関係はきわめて密接なものとして展開していき、そしてそれにともない、神戸華僑社会において楊寿彭は大きな位置を占めていくことになる。
　孫文の来日は、ちょうどこのような時期に実現したのである。桂太郎の招請によるものだったが、孫文が長崎に到着する前日の二月一二日、桂は大正政変によりすでに首相の座を下りていた。孫文は、東京で桂と会談し、さらに二月二〇日、三井物産で日中合弁の中国興業公司設立の発起人会を無事終えて、京都、大阪を経て三月一三日、神戸に到着した。宮崎滔天らを従えて阪神瀧道のプラットホームに降り立った孫文は、鹿嶋房次郎神戸市長や神戸華僑の代表と握手を交わし、自動車に乗り込む。この時楊寿彭は孫文の車に添乗している。

「（孫文は）得意満面悠揚として歩を場外に移せば、群集は再び万歳を歓呼し、同文学校生徒の吹奏せる喇叭《ラッパ》の音勇ましく一斉に捧銃《ささげつつ》せる前を過ぎて楊寿彭氏と共に自動車に同乗し、爾余の人々も亦自動車若しくは馬車にて之に随ひオリエンタル・ホテルに入れり」（『神戸又新日報』一九一三年三月一四日）

と地元紙は報じている。また、孫文の日本訪問に関する詳細な記録書、品川仁三郎編『孫文先生東游紀念写真帖』もこのときの情景を次のように記している。

「孫先生が下車すると随員王〔守善〕領事が先生を日本官紳に紹介した。次いで華僑歓迎員楊寿彭が先生に自動車に乗りこむようにお願いすると、同文学校生徒百余人は武装して整列し、捧銃の礼をとった。自動車は南にゆっくりと進み、オリエンタルホテルに至った。」

この時孫文が、中華会館（中華商務総会の事務所もここにあった）、神戸華僑同文学校という神戸華僑社会の核となる施設を訪問しているのは当然であろうが、ここで注目されるのは一三日に中華会館で国民党神戸交通部主催の歓迎会が開催されたことである。一九一二年秋から一三年初にかけて、日本の各地で国民党の支部あるいは交通部が設置されていて、孫文はこうした支部を訪問している。副部長の楊寿彭は華僑側歓迎員として孫文の神戸滞在中、終始随行し、国民党交通部主催の歓迎会では開会の辞を述べている。一四日、孫文一行は、舞子の呉錦堂の松海別荘を訪ね、華僑たちと歓談している。そこには王敬祥や鄭祝三ら神戸華僑の代表的な人物が顔をそろえていた。呉錦堂の神戸華僑社会に占める位置の高さを示すものといえる。

日本側に関しては、三月一四日夜、常盤花壇において神戸市有志主催による孫文歓迎の宴会が開催されたことに注目したい。主催者代表は、鹿嶋房次郎神戸市長と松方幸次郎神戸商業会議所会頭の二人、正賓と副賓は次の通りである（孫中山先生歓迎会一九一三）。

正賓：孫中山、何天炯、馬君武、袁華選、宋嘉樹、戴天仇、宮崎虎蔵、島田経一、山田純三郎、菊池

良一

副賓：中国側　王守善（領事）、呉錦堂（国民党神戸交通部長）、藍卓峰、黄煜南（広業公所理事）、王敬祥（国民党神戸交通部副部長）、鄭祝三（広業公所）、馬聘三（三江公所理事）、廖道明、周子卿（三江公所理事）、杜意筠、簡照南（国民党神戸交通部評議員）、楊秀軒（中華会館理事長）

日本側　服部一三（兵庫県知事）、長谷川謹介（西部鉄道管理局長）、田丸税稔（神戸地方裁判所長）、斉藤重高（神戸税関長）、折原巳一郎（兵庫県内務部長）、加藤敬三郎（神戸逓信管理局長）、小山松吉（神戸地方裁判所検事正）、赤池濃（兵庫県警察部長）、寺尾亨（法学博士）、神戸又新日報社、神戸新聞社、大阪朝日新聞神戸支局、大阪毎日新聞神戸支局、大阪時事新報神戸支局、大阪新報社神戸支局、大阪日報社神戸支局

副賓として中国側からは王守善領事、呉錦堂、藍卓峰ら神戸華僑の指導者、日本側からは服部一三兵庫県知事、長谷川謹介西部鉄道管理局長、田丸税稔神戸地方裁判所長ら中央諸官庁の出先機関、兵庫県、新聞社の代表が招待されている。同会の主催者としては、鹿嶋市長、松方会頭を始めとして、神戸の政・財・官各界の代表的な人物がほとんどすべて名を連ねている。これは、辛亥革命時期に結成された東亜協会の流れを汲むものかもしれない。神戸の政・財・官各界がこのようにこぞって孫文を歓迎するのはこれが最初で最後である。他方、この歓迎会に招待された神戸華僑はいずれも当時神戸の華僑社会で重要な役割を担っていた人々である。このように孫文の神戸訪問を媒介にして、華僑

と神戸（兵庫県）の政・財・官各界のトップレベルの交歓がなされたことは神戸の近代史を考えるうえでも重要である。

孫文は、二日間の神戸滞在中、一三日には神戸基督教青年会、一四日には川崎造船所、三上豊夷邸を訪問している。この時の孫文にとってこれらは特別の意味を有していた。川崎造船所は、松方幸次郎神戸商業会議所会頭の会社でもあった。孫文はここで、軍艦榛名、郵船鹿島、水雷艇の建造現場を視察し、

「本日貴工場を初めて視察し、規模の大きさ、進歩の顕著なことに驚きました。今日、東洋においてこのような産業の発展を目にすることができてまことにうれしく思いました。今後、貴社の社運がいよいよ発展をとげ、東洋平和のために、また有事の際に大きな貢献をして下さることを心より願います。」（品川前掲書・一〇）

川崎造船所を訪問する孫文（後部左）と楊寿彭（同右）
（『孫文先生東游紀念写真帖』より）

と会社訪問の感想を述べているが、これは孫文の率直な印象だったろう。

神戸華僑商業研究会と中華革命党神戸大阪支部

孫文は、翌三月一四日夜、汽車で広島の呉に向かう。わずか二日間の滞在であったが、この間、楊寿彭は孫文に終始随行していた。

一九一三年四月、国民党留日各支部機関誌『国民雑誌』が刊行された。社長は李文権、副社長は呉作鎮、すなわち呉錦堂で、資金三〇〇〇円は、東京、横浜、神戸各支部がそれぞれ六〇〇円ずつ負担し、その余は党員有志が負担するものとされた。神戸の取次ぎ場所は、同文学校となっている。創刊号に、孫文の「祝字」に次いで楊寿彭も神戸交通部副部長として祝辞を寄せている。これは、楊寿彭の文章として現在目にすることのできるもっとも早期のものといえるが、中国の文人の筆法に倣い、古典によく通じていたことがよく分かる。呉錦堂らが、楊寿彭を重用するようになるのにはこのような楊の文才にもあったものと思われる。

さて、孫文の訪日が終わろうとした三月二〇日、中国では宋教仁が袁世凱の放った刺客によって暗殺されるという大事件が起り、このことは在日国民党組織と党員の活動にも大きな影響を及ぼすことになる。『国民雑誌』創刊号の「本社特別啓事」は、宋教仁の暗殺を悼み、

「宋遯初《とんしょ》〔教仁〕先生の上海での被害には、凡そ血気ある倫《ともがら》で感憤を同じくし、深くしないものはいなかった。」

とその怒りを表わしている。そして七月、第二革命により孫文・国民党と袁世凱との関係は決定的な対立状況に陥り、敗北した孫文は日本に亡命を決意し、八月九日、信濃丸で神戸に到着した。この時、北京の袁世凱政府との関係を考慮した日本政府（山本権兵衛首相）は、先述のように孫文の日本亡命をきらい、アメリカに行くよう牧野伸顕外相を中心にして種々工作したが、孫文の意思は固く、結局やむを得ず日本亡命を容認することになった。これは、東京で頭山満、萱野長知そして犬養毅らが政府要人に対して孫文の日本亡命を受け入れるように働きかけたことによる。神戸の三上豊夷も自社の支配人西川荘三を外務省に出向かせ、亡命許可の要請を行った。

袁世凱政府との関係、警備上のこともあって孫文の神戸での活動は隠密にされた。上陸は夜中になされ、孫文は三上と松方幸次郎に案内されて、川崎造船所構内を通って諏訪山の常盤花壇別荘に至り、そこで一週間滞在、八月一六日、襟裳《えりも》丸で横浜へと向かう。

この時の孫文の様子は「落人姿」と形容され、地元紙は

「刀折れ矢尽きて戦ふに術なく……一世の才人孫逸仙は、東亜の地にまた身を容る、余地なく」

（『神戸新聞』一九一三年八月九日）

などと書いていた。新聞が孫文の動静を報じることを控えたこともあったが、神戸市民の反応もほとんど表に出ることはなく、神戸華僑の動きも沈静化していた。八月九日、国民党神戸交通部副部長の王敬祥と楊寿彭が神戸港に行っているが具体的行動は不明である。服部一三知事も一四日、孫文と面会しているができるだけ早く日本から立ち去るように勧告している。半年前の大歓迎が嘘のようであった。

第二革命を鎮圧した袁世凱は、一九一三年一一月四日、国民党解散命令を下し、このため、たとえ海外でも国民党を名乗ることは危険になった。そこで呉錦堂らは一一月二〇日、国民党交通部を解散し、それに替わる組織として一四年一月一四日、神戸華僑商業研究会を結成した。「神戸華僑商業研究会簡章」は「商業を研究し、知識を発展させることを旨とする」としている。しかし、その第五条には

「本会は国民党神戸交通部解散後結成されたものであり、以前神戸交通部員だったもので解散前脱党したり、除名処分を受けたことのない者はすべて入会費を免ぜられ、ただ月毎に会費を納入するだけでよい。」（外交史料館一九一四）

表２　神戸華僑商業研究会職員表（1914 年 1 月 14 日現在）

正会長	呉錦堂				
副会長	王敬祥	鄭祝三			
総幹事	楊寿彭				
評議員	王敬斗	何暁初	黄寿銘	梁煥濤	黄楚珩
	鄭金桂	潘植我	黄卓山	黄頌徳	蘇洪章
会計員	陳秉心				
審計員	容伯全	李寿鵬	廖達廷		
文事主任	毛研陸				
文事員	游莘農	黄卓山	李営康		
調査主任	李嶧琹	余蔭斎	黄卓雲	麦徳亮	
庶務員主任	郭耀棠	陳潤晃	梁敬志	鮑瑗昭	

出典　「在留支那人社交団体設立ノ件」（1914 年 1 月 21 日、兵庫県知事服部一三より外務大臣へ、「要視察外国人ノ挙動関係雑纂支那国人ノ部」4.3.1.2.5）

としていて、その構成員（表２）は旧国民党神戸交通部員であり、事務所も国民党神戸交通部の旧事務所をそのまま使用した。

この神戸華僑商業研究会の役員構成は、国民党神戸交通部のそれときわめて類似しているが、楊寿彭が副会長から総幹事に変わり、広東幇の鄭祝三が副会長に就任している点が目立つ。会の日常的な運営は、総幹事の楊寿彭の担当となった。第二革命後、孫文派に代わって袁世凱派が進出した中国興業株式会社（一九一三年三月、孫文と渋沢栄一らとの合意により設立された日中合弁の会社）は、一四年四月、中日実業株式会社（中国名、中日実業有限公司）と改称され、呉錦堂は日本人側の出資者からは手を引くが、中国人側としては義生洋行名で出資（五〇〇株）を継続している。

一九一四年一一月、中華会館において呉の還暦を祝う祝賀会が盛大に挙行された。この祝賀会の総幹事は楊寿彭が務めた。宣威将軍兼参政院議員蔣尊簋《しょうそんき》、駐日公使陸宗輿などの祝辞を一冊にまとめた『浙慈呉錦堂先生六旬栄寿録』が残されているが、その序文を楊寿彭が書いている。『国民雑誌』創刊号への祝辞のスタイルと同様、孔子から始まって、中国史上の故事を援用しつつ、「呉錦堂先生は公益に熱心で、つとめて善挙を行ってこられた」と述べ、呉の歩みを讃えている。すでに述べてきたように楊寿彭は広東系であり、年齢的にもまだ三〇台前半に過ぎず、経済的社会的地位という点でも神戸には多くの先輩がいたにもかかわらず、呉錦堂という当時の神戸華僑社会にあってもっとも代表的な人物の還暦祝賀行事という晴れの舞台の「総幹事」という大役を任されていた。呉錦堂のよほどの信頼があってのことと考えられる。なおこの『栄寿録』には北京政府の駐日公使陸宗輿も祝辞を寄せている。

一九一四年七月、孫文は東京で中華革命党を結成し、国民革命実現に向けてあらたなスタートを切る。中華革命党神戸大阪支部が結成されるのは翌一五年二月一一日、王敬祥が支部長、楊寿彭が副支部長に就任し、主として財政面で孫文の活動を支援し続ける。しかし、役員表の中に呉錦堂の名はない。

神戸華僑同文学校は、第二革命の後は、やはり領事館との関係から北京政府とのつながりを重視した。一九一六年六月、袁世凱が死去すると、中華民国駐日公使館は、各地の領事館に対して在日華僑に追悼行事を行わせるように指示した。ところが、神戸領事館が同文学校の生徒たちに喪章をつけさせようとしたところ楊寿彭らの反対にあい、また中華会館で追悼集会を挙行しようとしたところ、これも呉錦堂や楊寿彭らの猛反対により、領事館内の集会に切り替えざるをえなかったという（外交史料館一九一六a、b)。

中日親善会と日支実業協会(一九一七年)

一九一四年七月、第一次世界大戦が勃発すると日本は、ドイツ支配下の膠州湾租借地と赤道以北南洋諸島の獲得を目的にして参戦し、一五年一月には中国に対して二一か条要求をつきつけ、五月、これを受諾させた。中国では反日感情が高まり、日貨ボイコットへと拡大し、日本でも中国人留学生による抗議行動が展開された。日中関係悪化が懸念されるようになった。一七年元旦の『朝日新聞』には、孫文の「日支親善の根本義」と題する長文が掲載されたが、この中で孫文は、「日本の維新は支那改革の先声であり支那の改革は日本維新の効果である」としつつ、現状は日本が中国における「利益均霑《きんてん》、機会均等」という欧米列強の路線に追随していることに対して中国国民は「不満足と危懼《きぐ》と疑惑」を抱いていると日本へ警告を発した。日中関係は対立の時代へと大きくカーブを切ろうとしていた。

このような時、二月一八日、中華会館では神戸華僑有志主催による「中日親善会」が催され、およそ二〇〇人もの人々が参集した。『中日親善会名簿』により参加者を整理してみると次のようになる(実際の参加者とは異同がある)。

主催者:呉錦堂、鄭祝三、馬聘三、潘霖生、廖道明、招愛山、王敬祥、楊寿彭、曾星舫、陳澍彬《ちんじゅひん》、

陳源來、怡和洋行など六八、神戸華僑の主要な人物と会社がずらりと並んでいる。正賓は清野長太兵庫県知事、鹿嶋房次郎神戸市長、瀧川儀作神戸商業会議所会頭など神戸・大阪の政・財・官各界の代表、今村恭太神戸地方裁判所長など国の出先機関の代表、神戸又新日報社長など神戸、大阪の新聞社代表それに吉野作造、内藤虎次郎などの学者、今井嘉幸などの弁護士ら合計一七三人、副賓は章仲和（章宗祥）駐日公使、陸潤生（陸宗輿）前駐日公使、稽滌生《けいてきせい》神戸領事など外交官、李道衡東京実業雑誌社々長、張友深大阪中華商務総会会長など一五人であった。

主催者と招待者とが入れ替わっているのが大きな相違であるが、顔触れを見ると一九一三年三月の神戸市有志主催孫文歓迎会の時のそれとよく似ている。ただし、中国からの来賓は、一三年の時は孫文とその随員だったが、今回の来賓は北京政府の外交官たちである。もっとも一三年のときも、孫文の公式の資格は「籌弁全国鉄路全権」であったことを考えれば、時の政府の公式代表という点では共通していたといえる。これだけの人士を一同に集めるには、やはり公的な代表の出席が必要であったと思われるが、その点を考慮したとしても、このような会の開催は大正時代における神戸華僑がいかに大きな力を有していたかを窺わせる。

さて、この会合は華僑側のイニシアティブの下で開催されたという点で興味深い。中心になったのは、呉錦堂、馬聘三、鄭祝三、王敬祥、楊寿彭らである。彼らは、馬聘三を除くとすべて神戸華僑商業研究会の幹部である。馬聘三も辛亥革命時の中華民国僑商統一聯合会の主要メンバーであるという点で王敬祥と近く、また三江公所理事という点では呉錦堂と親密な関係にあった。この会は、つまり神戸の旧国民党系の人々が中心となって開催したものといえよう。副賓として北京政府の駐日外交官が顔をそろえているのが興味深い。華僑側も政府側もお互いの立場を承知で招請し、また参加していたものといえる。孫文が、一九一六年四月に日本から帰国し、上海で著述に専念していたということもこうした顔合わせを可能としたのかもしれない。次に親善会発起の趣旨を見てみよう。

「目下欧州の戦乱将に酣《たけなわ》ならんとし世界の大勢之が為に一変すべし。日支両国の親善を策する誠に今日を以て千載一遇の好機と為す。同根必ず互に扶持すべく同行必ず当に引導すべし」

ヨーロッパの戦いが熾烈であることを日中親善にとって「千載一遇の好機」だとしている。一種のアジア主義的感情の発露といえよう。開会の辞は馬聘三が行った。そのなかで馬は、会の趣旨について、政治的ではなく、

「また政府と政府との関係でもありません。単に国民として実業上経済上の提携協同を策するのにあるのであります」

という。これに応えて登壇した清野兵庫県知事も、「本日の会合は何等政治的意義を加味せざる純然たる国民間の握手である」と位置づけ、この会を「日支実業協会の発会式たらしめ」るよう提案した（西島函南一九二二：二）。この提案を基に、次に日本側主催による第二次日支親善会が二月二八日、神戸倶楽部で今回は華僑を招待する形で開催され、さらに三月二九日、中華会館において日支実業協会の創立大会が開催されるに至った。同会創立時の役員は下記の通りである（西島同前書：六）。

評議員：日本　松方幸次郎（川崎造船所社長）、瀧川辨三（東洋燐寸会社社長）、川西清兵衛（日本毛織会社社長）、直木政之助（日本燐寸会社社長）、田村新吉（前衆議院議員）

中国　呉錦堂、鄭祝三（同孚泰号）、王敬祥

幹事　：日本　武藤山治（鐘淵紡績会社専務取締役）、瀧川儀作（神戸商業会議所会頭）、本多一太郎（日本燐寸会社）、乾長次郎（神戸市助役）、亀島広吉（三井銀行神戸支店長）、草鹿甲子太郎（弁護士）、阿部三四（神戸商業会議所書記長）

中国　馬聘三（復和裕号）、陳衮裳（広益号）、何世錩（徳和号）、何暁初、招愛珊（裕貞祥）、楊寿彭（P&O）、杜貫之（怡和洋行）

常任幹事：日本　草鹿甲子太郎、阿部三四

中国　楊寿彭、杜貫之

評議員の華僑は、いずれも神戸華僑商業研究会の幹部であり、呉錦堂は正会長、鄭祝三と王敬祥は

副会長、常任幹事の楊寿彭は総幹事であった。さらに、王敬祥は中華革命党神戸大阪支部長、楊寿彭も副支部長である。すなわち、国民党→神戸華僑商業研究会・中華革命党神戸大阪支部（次節参照）の系譜であり、孫文との関係を継続していたのである。他方、彼らは引き続き神戸華僑社会のリーダーとして中心的位置を占め、神戸の政・財・官各界の人々との良好な関係を維持し、かつ北京政府との関係も維持していたということである。このような構図は、孫文が本国で中国国民党を創り、革命運動を再度立ち上げるようになって、北京政府と対立するようになっても基本的に維持された。日支実業協会（一九二四年、日華実業協会に改称）はそのような関係を維持する上での組織として重要な役割を果たすことになる。（なお中日親善会と日支実業協会については、中村哲夫二〇〇五、虞和平二〇〇五を参照）。

中国国民党神戸支部

中華革命党神戸大阪支部の結成は、一九一五年二月のことであった。この時期、孫文が楊寿彭に送った、あるいは楊に言及した電報や手紙が『孫中山全集』（中華書局版、第三巻〜第五巻）に収録されているが、その内容は主に借款、送金など革命運動の資金に関連するものである。孫文は、五四運動の後、一九一九年一〇月、あらたに中国国民党を立ち上げる。神戸では、これに応じて中国国民党神戸支部を結成すべきかどうか議論が起った。この時楊寿彭は当初「海外に政治上の団体を組織する必要なし」という考えを抱いていたが孫文からの度重なる要請に応じて支部を結成したのだという。中国国民党神戸支部は、二二年一一月一〇日に結成された。会長は楊寿彭、副会長は楊電舫、庶務員は楊文洪であり、呉錦堂はこれにも参加していない。

外務省の記録の中にこの中国国民党神戸支部結成に関する文書（外交史料館一九二二）が収録されている。長文だが興味深いので以下に転載しておく。この文書は、兵庫県知事折原巳太郎から内務大臣水野錬太郎、外務大臣内田康哉等へ送られたものである。

「支那国民党支部設置ニ関スル件

神戸市中山手通三丁目番外二十一　中国閲書社内　中国国民党支部

右支部設置ニ関シ、本年二月上旬東京及横浜両支部ヨリ当地ニモ支部ヲ設置（復活）スヘキ様勧告シ来リシカ、本年二月十六日付兵外発秘第一〇四号既報ノ通、当時当地ニ於ケル首領P・O汽船会社会計主任支那人楊寿彭ノ意見ニヨリ、海外ニ政治上ノ団体ヲ組織スルノ必要ナシトノ見解ヨリ、終ニ支部ヲ設置スルニ至ラス其侭トナリ居リシモ、ソノ後支那国民党本部総裁孫文ヨリ再三当地ニ支部ヲ設置方尽力スヘキ様通信シ来リシ結果、今回旧国民党神戸支部ヲ復活セシムヘク当地在留支那人有力者楊寿彭、商務総会長鄭祝三、チャーター銀行支配人曽弗臣、研究会幹事長張居寿等協議シカ、中国国民党交通部ノ名称ノ下ニ当地ニ支部ヲ設置スルニ至レリ。元国民党神戸支部ハ市内下山手通三丁目六五ノ二七ニアリシカ、大正六年支部廃止ニ際シ之ヲ華僑商業研究会ト改称シ、広東人ヲ中心ニ商業上ノ研究ヲ為シ娯楽器具ヲ備付ケ倶楽部トシ、党員外ノ入会ヲ自由タラシメ、目下其会員数二百二十余名ヲ有シ、主トシテ在留広東人有力者、青年等ハ娯楽ノ為同所ニ集合スルノ状況ナリ。而シテ同会名誉会長ハ須磨在住ノ帰化支那人貿易商呉錦堂ナルカ、同人ハ右支部設置ニ極力反対シタルヲ以テ旧国民党支部ヲ復活シタルニモ拘ハラス前記華僑商業研究会トハ関係ナク、新ニ肩書閲書社内ニ支部ヲ置キ、楊寿彭カ同社長タル関係上国民党支部長ニ就任セリ。尚同支部党員ハ目下曽弗臣外五十名ニシテ本月十日役員ヲ選定シ左記ノ如ク決定セシカ、来ル十二月下旬頃大正十二年度ノ会長及役員ヲ更ニ改選セル予定ナル趣

記

会長　楊寿彭
副会長　楊電舫
庶務員　楊文洪

追テ呉錦堂カ支部設置ニ反対セル理由ヲ内偵スルニ同人ハ巨万ノ財産ヲ有スルニ依リ、若シ政治方面ニ関係スルトキハ金ノ融通又ハ寄付等ヲ要求セラル、コトアルヲ虞レタルモノ、如ク、在留広東人間ニハ呉錦堂ニ対シ、非難ノ声ヲ放チ、祖国ヲ思フノ念乏シキヲ罵ル者多シ。尚大阪（貴）

府下ニ於テハ国民党神戸支部ノ分身タル分部ト称スル団体ヲ組織スルニ至ルヤモ計ラレサル趣右及申（通）報候也」

楊寿彭はひとたび支部を立ち上げるや、同支部の中心的人物として一九三八年一月に亡くなるまで、国民党員として積極的な活動を続けた。彼は、神戸支部の中心人物であっただけでなく、日本の国民党員のなかでも中心的、代表的位置を占めるようになる。たとえば楊寿彭は、二二年八月、国民党東京支部の内紛に際しては、わざわざ東京に呼ばれ調停工作を行っている。二四年一月、中国国民党第一回全国代表大会において、神戸支部代表の劉士木（一八八九～一九五二）は、神戸支部の状況と楊寿彭の人物と役割について、次のように報告している。

「現在党員は三〇人余りしかいないし、実際本党のために奮闘する者は一〇人余りにすぎない。しかし、現在は名ばかりの党員はほんのわずかで、本党に同情を示すものは非常に多く、国内の募金があると、党員非党員の別なく、各界皆進んで応じてくれる。そのようにできる理由を尋ねてみると、すべて現支部長楊寿彭君の人格に感動して行っているのである。楊君は、神戸生まれの華僑で、これまで国の土を一歩も踏んでいないが党事と国事に対しては、きわめて熱心に力を尽くし、艱難を恐れず、敵党の攻撃を避けず、生涯本党総理を神聖なものと信じ、祖国を救わん

とすれば本党総理の創られた三民主義と五権憲法のほかこれに勝るものはない、と言っている。」（劉士木一九二四）

第一次世界大戦が終結し、一九二〇年代に入ると神戸華僑は日本社会との関係において新しい事態に直面せざるをえなくなる。中国における新たなナショナリズムの台頭と日本の対中国政策との矛盾の激化は、神戸の華僑と日本各界との関係、華僑社会内部の対立と矛盾を引き起こしていく。以下二つの事例について簡単に触れておく。

一つは、中国人労働者、すなわち華工の問題についてである。内務省は、第一次世界大戦末から中国人労働者の入国制限と取り締まりを強化する。一九一八年の内務省令第一号「外国人ノ入国ニ関スル件」がその始まりである。兵庫県当局も、二四年四月、中国人の入国に際して、身元引受人に対して

「一、労働に従事せしめざること（料理人なる場合は他の労働に従事せしめざること）、二、入国当時の雇主以外の雇人として勤務せしめ、又は転職せしめざること……」

など八項目の条件を新たに加えた。これに神阪華僑が猛反発し、五月、中華会館で阪神居留民大会を開催して、「兵庫県の身元引受八箇条は不合理且苛酷にして、支那人排斥を明白に物語るものなる

に依り之が撤廃を期すること」（内務省警保局外事課一九二四：一一〇～一一三）などの決議を行い、領事館を通して県警察部長に要求書を提出し、さらには日本、中国の各地に抗議のビラを郵送した。中国人労働者入国取締強化への反発であり、華僑と兵庫県との対立という局面が生じた。一九二六年五月、虞洽卿を団長とする上海総商会視察団が神戸に来ると、神戸の華僑団体のうちで特に洋服商工組合、厨業組合、理髪業組合、塗装業組合など四団体の代表が虞洽卿ら視察団に対して中国人労働者入国取締方針の是正について日本政府に働きかけるよう要請している（外交史料館一九二六）。これら華僑団体は一九二〇年代に結成された同業団体であり、労働者の問題は営業に直接連関する問題だったからである。

もう一つは孫文の広東政府と広東系の神戸華僑との関係についてである。一九二四年一一月、孫文が神戸に来たとき、孫文批判のビラが神戸市内に張り出された。これは、一〇月の広州商団事件（広州の商人たちが、武器をとって孫文の広州政府と対抗し、政府側がこれを鎮圧した事件）の際、広州で被害を受けた在神広東華僑の一部が行ったものと推測される。神戸華僑による孫文歓迎会は、中国国民党主催の歓迎会（一一月二五日）と日本人との合同歓迎会（一一月二八日）にとどまり、しかもどちらも中華会館ではなく、オリエンタルホテルでの開催となった。中国の国内政治の対立がストレートに神戸華僑社会に反映された事件であった。

一九二五年三月一日、北京の孫科から楊寿彭に対して一通の電報が届いた。それは、「Anlicarrinon」という注射液第一号、第二号各三〇個を至急北京に携行してほしい、という要請であった。楊寿彭はただちに注射液を入手し、三日、神戸の天生倶楽部店員満庭春にそれを持たせ、朝鮮経由で北京に直行させた。これに対して、九日、孫科と汪兆銘から、

「本日薬品を受領し好意を感謝す、薬品其の他の費用金四四〇円を送金したるに依り受納を乞ふ
尚　総理の病気は変化なし」（外交史料館一九二五ａ、ｂ）

との電報が届いた。孫文逝去二日前のことである。孫文らと楊寿彭との関係がいかに厚いものであったかを示すエピソードである。

一九二〇年代、楊寿彭が、日本の中国国民党においてすでに大きな位置を占めていたことは、作家の夏衍《かえん》（一九〇〇〜九五）の回想録『懶尋《らいじん》旧夢録』からも窺える。二六年一一月、夏は国民党左派の活動家として神戸にやって来ているが、楊寿彭と会ったときの様子を次のように記している。

「神戸では私はまず老同盟会員であり、孫中山の財政的支援者であった楊寿彭先生を訪ねた。彼は、

日本在住の愛国華僑であり、廖仲愷《りょうちゅうがい》、何香凝《かこうぎょう》を知っており、居間には中山先生が書かれた「天下為公」の扁額を掛けていて、関西一帯の華僑の状況について説明してくれた。……。楊先生ご本人と息子の楊永康は、心から三大政策を支持していたが、二人とも時局に対して非常に心配していて、国共両党が争うことは列強と軍閥の望むところのものであると考えていた。そのため、彼は、私が華僑に対して三大政策の意義についてより多く語って、彼らの共産党に対する恐れを取り除くことにし、党員の拡大はいそがないようにと勧めた。」（九五頁）

夏衍は楊寿彭を「老同盟会員」と認識していた。楊寿彭の神戸社会と中国国民党における地位が高まるにつれて、日本の外事警察も彼を「要視察人物」に位置づけるようになる。内務省文書は、その理由を次のように書いている。

「支那南方革命党神戸支部長にして平素北方派の政策を論難し、延《の》いて我政府の対支外交の不公平を云為《うんい》する等治安を妨害する虞《おそれ》あるに因《よ》る。」（内務省一九二六）

また、一九三一年八月、楊寿彭は、横浜で南京と広東の間の統一を謀るべく国民党駐日支部談話会を開き、自らを団長とする「和平統一アピール団」を結成して南京、広州に行くことにしたが、九

表3　9.15 神戸華僑弾圧事件被検挙者一覧
（1937 年 9 月 15 日）

	姓名	所属	年齢
1	鮑少潤	無職	24
2	鮑振青	上海時報通信員	41
3	楊寿彭	PO汽船会社会計主任	53
4	楊永康	PO汽船会社大阪出張所々員	30
5	李寿鵬	香港上海銀行員	52
6	李宜濤	PO 汽船会社社員	39
7	鄭国雄	香港上海銀行員	29
8	鄭国麟	香港上海銀行員	27
9	李文照	PO 汽船会社社員	24
10	李恵技	学生	26
11	宋炎	（女）	37
12	譚泰徳	オール商会会計係	32
13	鮑穎思	会社員	33

出典　内務省警保局保安課『特高外事月報』1937 年 9 月（復刻版、政経出版社、209 ～ 210 頁）

月に柳条湖事件が勃発したために取りやめとなった。在日華僑社会における楊寿彭の役割がもっともクローズアップされるようになるのは、中国における国民大会開催に向けた国民大会代表選挙においてである。国会に相当する国民大会は、当初三七年開催を目指して、三六年から中国各地と海外華僑の間で代表選挙が開始された。日本代表の議席は一で、初選（候補者選定選挙）は三六年一〇月に実施され、楊寿彭は二九二票をえて第一位で当選した（『泰益号文書』一九三六）。翌年七月、盧溝橋事件の直後に第二回選挙、すなわち複選が実施され、ここでも楊寿彭は、五七二二票を獲得して在日代表に選出された（外交史料館一九三七）。しかし楊寿彭は、駐日代表に選ばれた直後の九月一五日、長男の楊永康らとともに日本の警察に逮捕され（表3参照）、獄中で激しい拷問を受け、三八年一月二日、神戸で死去した。

おわりに

呉錦堂は、一九二六年一月一四日、病気で亡くなったが、呉の葬儀を主宰したのはやはり楊寿彭であり、楊は追悼文集『呉錦堂先生哀思録』(一九二六年)の編纂も行っている。その序文の中で楊寿彭は、呉錦堂の生涯の歩みを辿り、その功績を次のように讃えている。

「ひそかに思うに、我が華僑は国門を遠く離れて異域で生活している。その中で生れた時は貧しくて海外で有名になった人は少なくない。しかし、公のように、巨額のお金を持ちながら祖国を常に思い、故郷のために利を興し、害を除いた人物は洵《まこと》に旅域にあって多くを見ることはできない。」

ここには楊寿彭の呉錦堂に対する尊敬の念が表われている。追悼文の末尾で楊寿彭は、呉錦堂が亡くなる直前の一九二六年正月二日、神戸の上筒井にあった呉錦堂邸を往訪した際、呉錦堂が神戸の三つの華僑学校(同文、華強、中華)の合併と中華義荘の増設について、生きいきと、元気一杯に語っていたと記している。一四年一一月の呉錦堂還暦の祝いとこの葬儀を楊寿彭が中心になって挙行したことは、両者の親密な関係が神戸の華僑社会で公認されていたことを示している。ところで呉錦堂は、先述のように国民党神戸交通部解散後は、政治運動を表だってしなくなっていた。他方、楊寿彭は、中華革命党の副部長として、さらには中国国民党神戸支部長として孫文の革命運動を支援し続ける。呉錦堂と楊寿彭の関係は、長子楊永康の言葉をかりていえば、呉錦堂は

「革命事業に対して、財政的な支援は非常に多かったが、しかし、表には名前を出さず、多くは先父（楊寿彭）を通じてそうしていた。」（楊永康B）

というものではなかったかと考えられる。

呉錦堂は、一三年七月の第二革命以降、孫文支持の活動は表面では回避したが、楊永康が回顧していたように楊寿彭を通じて財政的な支援を続けていたものと思われる。二人は表裏一体の関係にあったと理解される。

さて、王敬祥は一九二二年、呉錦堂も二六年、ともに病気で他界する。王敬祥と呉錦堂は大正とともに神戸から去った。彼らの退場と符節を合わせるかのように日中関係は厳しさをましていく。楊寿彭はその後、中国国民党神戸支部支部長にとどまらず、盧溝橋事件直後の三七年七月には国民大会在日代表に選出され、日本華僑の代表となる。しかし、まさに在日国民党代表であったがゆえに日中全

面戦争突入後の九月、日本の官憲によって逮捕され、獄中で激しい拷問を受けた末、三八年一月、その生涯を悲劇的に閉じることになる。それは、神戸と日本における華僑運動の一つの時代が幕を閉じたことを告げるものであった。

◎参照文献

〔日本語〕

夏衍　一九八五『懶尋旧夢録』（三聯書店）

鴻山俊雄　一九七九『神戸大阪の華僑　在日華僑百年史』（華僑問題研究所）

品川仁三郎編　一九一三『孫文先生東游紀念写真帖』（日華新報社）

商工省貿易局編　一九三九『阪神在留ノ華商ト其ノ貿易事情』

孫中山先生歓迎会　一九一三『孫中山先生歓迎会名簿』（神戸市立中央図書館蔵）

立脇和夫監修　一九九六〜九七『幕末明治在日外国人・機関名鑑：ジャパン・ディレクトリー』全四八巻、別巻二（ゆまに書房）

中日親善会　一九一七『中日親善会名簿』（中村哲夫氏蔵）

内務省警保局外事課　一九二四『外事警察報』第二五号（『復刻版　特秘　外事警察報』不二出版）

内務省警保局保安課外事係編　一九二六『大正一五年昭和元年度　外事警察事務要覧』内務省警保局保安課

一九三七『特高外事月報』九月分（政経出版社、一九七三）

中村哲夫　一九九〇『移情閣遺聞』（阿吽社）

神戸税関　一九三一『神戸税関沿革史』

西島函南　一九二二「神戸日支実業協会の成立由来と現状一斑」（『日華実業』第一号）

村田誠二　一九九八『神戸開港三十年史』坤
李廷江　二〇〇三『日本財界と近代中国　辛亥革命を中心に』（御茶の水書房）

〔中国語〕
国民党神戸交通部　一九一三「中国国民党神戸交通部職員名表」（『国民雑誌』第一号、四月）
孫中山　一九一九「孫文学説」（中山大学歴史系孫中山研究室等合編『孫中山全集』第六巻、中華書局、一九八五）
孫中山先生国葬紀念委員会　一九七〇『哀思録』（沈雲龍主編『近代中国史料叢刊』第五七輯、文海出版社）
中村哲夫　二〇〇五「〝呉錦堂財閥〟与孫中山」（寧波市政協文史委・政協慈渓市委員会『呉錦堂研究』中国文史出版社）
馮自由　一九八一ａ『華僑革命開国史』（商務印書局、一九四六、『近代史資料専刊　華僑与辛亥革命』中国社会　科学出版社）
馮自由　一九八一ｂ『革命逸史』第四集
鮑穎思　一九四五「留日時期参加救国革命工作以至抗日勝利回憶録」九月一五日
余斉昭　一九九九『孫中山文史図片考釈』（広東省地図出版社）
劉士木　一九二四「日本神戸支部党務報告」一月（中国国民党中央委員会党史委委員会　李雲漢主編『中国現代史料叢編 第一七集 中国国民党党務発展史料—中央常務委員会党務報告』近代中国出版社、一九九五）
寧波市政協文史委・政協慈渓市委員会　二〇〇五『呉錦堂研究』（中国文史出版社）
楊永康　一九八一ａ『源遠流長　五華楊氏重修族譜建議』
楊永康　一九八一ｂ「致樹備同志信」
楊寿彭　一九一四『浙慈呉錦堂先生六旬栄寿録』
楊寿彭　一九二六『呉錦堂先生哀思録』

〔文書〕

外交史料館（外務省）・アジア歴史資料センター

一九〇〇「清国人帰国ノ件　兵発秘第四八三号　八月二五日」（『各国内政関係雑纂支那ノ部　革命党関係（亡命者ヲ含ム）』第三巻）

一九〇一「清国亡命者ノ来神ニ就テ　兵発秘第三一五号　七月二日」（同前）

一九一四「在留支那人社交団体設立ノ件　兵発秘第二七号　一月二一日、（『要視察外国人ノ挙動関係雑纂　支那国人ノ部』第四冊）

一九一六「支那同文学校生徒喪章付着ノ件　兵発秘第九二九号　六月一五日」（『各国内政関係雑纂　支那　ノ部　地方』第一〇巻）

一九一六「故袁世凱追悼会挙行ニ関スル件　兵発秘第九六三号　六月二三日」（同前）

一九二二「支那国民党支部設置ニ関スル件　兵外発秘第五七一号　一一月一七日」（『各国内政関係雑纂　支那ノ部地方』第四三巻）

一九二五「孫文ヘ使者出発ノ件　兵発外秘第四〇九号ノ二　三月三日」

一九二五「在北京孫文関係者ヨリノ来電ニ関スル件　兵発外秘第四〇九号ノ三　三月一二日」

一九二六　外務省亜細亜局『上海総商会本邦視察団来朝顛末』

一九三七「国民大会海外代表複選（第二次選挙）開催状況ニ関スル件　外発秘第二九九八号　八月九日」（『支那中央政況関係雑纂　国民党関係　国民党全国代表会議関係（地方大会ヲ含ム）』）

防衛研究所図書館（防衛省）・アジア歴史資料センター

一九一二「清国事変ニ関スル警備概報（第一〇三号）二月六日」（『清国事変明治四四年―一二三』）

泰益号文書

二〇〇三（陳東華・蔣海波・中村哲夫編『泰益号档案　神戸華僑関係』CD−ROM）

一九三六　中国国民党駐神戸直属支部「国民大会僑民代表初選開票結果　一〇月三一日」

コラム1

孫科への弔電――本庄 繁

一九二五（大正一四）年三月一三日、青森弘前の第四旅団長本庄繁のもとに孫文逝去を知らせる至急電報が届いた。本庄は一四日、孫科宛てに至急の弔電を打った。電文は次の通りである。

「このところ新聞のニュースにて中山先生の病状回復の訊らせに接し、この偉人が病魔に打ち勝たれたことを喜び、一日も早く全快されるようお祈りしておりました。しかし、図らずも本一二日、ご令息孫科先生からの急電にて、すでにご逝去されたことを知り、痛哭の極みです。中華民国統一の大業まさに緒に就こうとするときにこの痛恨事に遭遇し、中国上下の悲痛誠に想像もできません。これは独り中華だけでなく実に日中両国と東亜の一大問題でもあります。悲しみはご遺族におかれましては元より深く、同志の皆様におかれましても同じお気持ちのことと存じます。小生、個人のことではありますが、第一革命の時に滬寧《こねい》（上海・南京）の地にて拝眉の機会をいただき、その後も日中両国において、声咳に接し、常に敬慕いたしておりました。今、訃報に接し、驚愕いたしております。ご逝去に当たり、往事のすべてを追懐することはできません。自らここに一函を草して、特にご遺族に対して深い悲しみを表すものですが、微意にて筆紙では尽くすことはできません。弘前にて、本庄謹白」（『哀思録』）

日本人で、この時、弔電や弔辞を送った人は百人を超えるが、そのなかでもこの本庄の弔電は、孫文の功績を讃えるだけでなく第一革命（辛亥革命）以来の交流を踏まえてのもので、心のこもった内容のものである。ただ、日本語の原文はなく、先の電文は中国語訳をさらに日本語に訳したものである（日本語訳については西村成雄氏のご教示を得た）。

本庄繁は、一八七六（明治九）年五月一〇日、兵庫県多紀郡城南村（現在の丹波篠山市丹南町）に生まれている。一九〇八年九月、北京公使館附駐在武官補佐官として中国に赴任、「中国通」軍人本庄の始まりである。一〇年、上海駐在武官となる。翌一一年、本庄は辛亥革命に遭遇する。上海では、情報収集にあたるとともに北一輝ら来華の日本人を迎え、また陳其美の江南機器製造局占拠を支援している。

一九一二年六月三〇日、上海の黄興公館で孫文と会している。

一九一三年二月一五日、東京の華族会館で開催された東亜同文会主催孫文歓迎会に出席。

一九一六年四月二七日、赤坂の孫文宅を訪問。

一九三一（昭和六）年八月、関東軍司令官に着任、九月一八日、関東軍は奉天郊外の柳条湖附近にて南満洲鉄道線路を爆破、中国東北軍による爆破として一斉攻撃開始。一五年戦争の始まり。

一九四五（昭和二〇）年一一月二〇日、GHQからの戦犯指名（一九日公表）を受けて自決。

上海の黄興会館（1912年6月30日）。1列目右端、宮崎滔天。2列目右から3人目が孫文、4人目が黄興。3列目左端、宮崎龍介、3人目が本庄繁、右から4人目が宮崎民蔵

（宮崎黄石氏蔵）

第二章

孫文を語りついできた人々

1　舞子の「天下為公」碑―元山清と池田豊

舞子の孫文記念館東門の傍に「天下為公」碑がある。この記念碑の除幕式は一九四八（昭和二三）年一一月、岸田幸雄兵庫県知事、小寺謙吉神戸市長らも参列して行われた。

二〇〇八年、孫文記念館は毎年、一一月一二日の孫文生誕日を記念して「孫文月間」を開催することを決め、最初はこの孫文書の「天下為公」碑に関する特別展を開催することとした。次に示すのはその時作成したパンフの解説文である。

「孫文「天下為公」の書と記念碑

「天下為公」は、孫文が好んだことばの一つで、『三民主義』の中でも「孔子は「大道の行われしや、天下を公と為す。」といったが、これは民権の大同世界を主張したものだ。」（『民権主義』第一講）などと述べています。

「天下為公」ということば、漢代に編纂された『礼記』「礼運」篇の中の「大道の行われしや、天下を公と為す。賢を選び能に与《くみ》し、信を講じ睦を脩《おさ》む。故に人《ひと》独り其の親を親とせず、独り其の子を子とせず、……貨は其の地にすてらるるを悪《にく》めども、必ずしも己《おのれ》に蔵《おさ》めず、……これを大同と謂う。」とあります。「大同」とは、古くから、中国人が抱き続けてきている平等で助け合いの理想社会のことです。今の中国でよく言われる「小康」はその前の段階の社会をいいます。

今回、展示中の「天下為公」の書は、一九二四（大正一三）年一一月、孫文が兵庫県立神戸高等女学校で「大アジア主義」の講演を行ったときに、請われて揮毫したものです。

「天下為公」碑の除幕式（1948年11月）（孫文記念館蔵）

現在は兵庫県立神戸高等学校の「校宝」とされていますが、今回特別に展示を認めていただきました。本館東門の「天下為公」の碑文はこの書からとったものです。

「戦後間もない一九四八（昭和二三）年、神戸市兵庫区湊川町在住で民論社主幹の池田豊は、移情閣を管理していた神戸中華青年会の陳徳仁とともに「永く日華親善の絆とならん」ことを願い、この碑の建立を計画しました。そして広く神戸大阪の華僑、市民に醵金を呼びかけ、ついに孫文の誕生日の一一月一二日除幕式を行いました。裏面の「永奠親善之基」（永く親善の基をさだめる）は、劉増華中華民国駐日阪神分処主任の書です。

なお、碑の設計製作には石松石材工業所が当たりました。」

本来『礼記』では、小康については「大道すでに隠れて、天下を家と為す。おのおのその親を親と為し、おのおのその子を子とし、貨力は己れの為になす。………。城郭溝池以て固めとなし、礼義以て紀となす。……。これを小康といふ。」とあり、大同が廃《すた》れて小康へ、と言っていたのを清末の康有為（一八五八～一九二七）が社会進化論の影響を受けて、小康から大同へと反転させたのである。康有為は、辛亥革命の前後、一九一一年から一三年まで須磨に滞在していた。

さて、二〇〇八年のある日、展示のための資料調査の最中、神戸華僑歴史博物館の陳徳仁コレクションの中から、コピーではあるが「天下為公」碑作成のための「孫文先生記念碑新設工事設計図」（石松石材工業所一九四八b）が発見された。六〇年も前の設計図で、現在も「石松石材」という名の会社があるのか不安であったが、神戸市の電話帳に同名の会社が記載されていたので思い切って訊ねてみたところ、ずばり、石碑を建立した会社で、しかも設計図を画かれた方が存命だということも分かった。元山清という方である。

「天下為公」碑の制作者たち。後列左が元山清、右が池田豊、前列左が牧野乙吉、右が森宇吉の各氏　（牧野博美氏蔵、元山尚人氏掲載諾）

早速、市内の同社を訪問、当時の貴重なお話を伺うとともに、実際に碑を彫った方がまだ存命だということで、紹介していただいた。加古川在住の牧野という方で、こちらは武上真理子さん（当時、孫文記念館研究員）に早速当ってもらった。残念なことにご本人はすでに逝去され、息子さんに面会することができただけということであったが、その際、石松石材の工場の前で碑作成に関係した四人の方々が一緒に撮った写真が残っていることが分かり、借用して記念館で特別展示させていただいた。元山清、牧野乙吉、森宇吉そして池田豊の四氏である。こうして碑の作成に当った方々の名前だけでなくその写真をも目にすることができ、碑の作成者たちの姿が一挙に浮かびあがってきたのである。二〇〇八年八月、元山清氏（一九一九年、神戸の生まれ）は、私たち（武上・安井）のインタビューに対して、当時を振り返ってこう語ってくれた。

「この碑を製作するにあたりましては、歴史的に有名な孫文の真筆にふれ、それを永く後世に残す仕事を手がけるという喜びとともに緊張感も感じました。碑文は、孫文自筆の書を碑の大きさに合わせて正確に複写し、その文字を石に転記して手彫りにしたものです。手彫りの際には、筆の動きを再現しなければなりませんので、書道の心得も必要です。親子二代の石職人で、長年の修行を積んでこられた牧野さんの熟練の技が発揮された仕事といえるでしょう。」

ところで展示に当って、私たちが特に追求したのが池田豊という人物である。記念碑の建設運動を中心になって進めたのが池田だからである。幸いにして、陳徳仁コレクションの中に「孫文先生記念碑建立趣旨書」（池田一九四八ａ）があった。碑建立のいきさつを記したものだが、その起草者が池田である。

そもそも池田豊とは一体どのような人物か、池田はなぜ移情閣に「天下為公」碑を建立し、何を根拠にして将来移情閣を孫文記念館にしようという構想を抱くようになっていたのか、などなど疑問がいくつも浮上してきた。池田は、当時神戸の湊川で民論社という団体を主宰していたということだが、そもそもこの民論社という団体がどのような性格の団体で、どのような活動をしていたかについては見当がつかなかった。ただ、調べていくにつれて、民論社という団体は、戦後間もなく日本各地に個別に結成されていたようで、全国的な統一的団体でないことが分ってきたが、日本近代史の専門家からもそれ以上の手がかりは得られなかった。そしてこれも偶然の機会に、華僑歴史博物館のコレクションのなかに池田に関する別の資料が見つかったのである。

一つは、神戸華僑文化経済協会編『華僑文化』という雑誌であり、もう一つは、「神阪僑務分処僑務档案」である。『華僑文化』は、戦後、神戸華僑、とくに台湾出身者が中心になって発行していた雑誌で、日本人も含む関西の中国関係者による文化、政治、経済など多方面にわたる文章が載っていて、当時の華僑や中国研究者の考えや状況を知るうえでも貴重な雑誌である。この『華僑文化』は、当時編集者の一人だった神戸華僑の蔡宗傑氏所蔵のものをコピーして合本とし、資料室の所蔵としていたものである。

その『華僑文化』に、短いが池田豊の書いた「機能的世界連邦を主張す」(『華僑文化』一九五一・一三)という文章があったのである。他方、「神阪僑務分処僑務档案」の方は、これも全く偶然からだが、『雑巻(二)』の中に、池田が僑務分処主任の劉増華(一九一〇~二〇〇一)に送った書簡(池田一九四八b、c)や中華民国駐日代表団団長商震(一八九一~一九七八)から池田宛ての返信[商震一九四八」が見つかった。また、一九四八年九月二日に、張群が商震とともに当時神戸の大開小学校にあった神戸中華同文学校を訪問したときの写真も華僑博物館で発見された。池田がそのとき劉増華を介して張群と会ったという「僑務分処僑務档案」の記述を裏づける資料である。

また、石嘉成コレクションの中の華僑文化経済協会関係文書の中に『来訪者芳名録』があり、その一九五〇年一一月二六日の欄に、「孫中山先生渡神講演廿五週年記念座談会」とあって、参加者の筆頭に「池田豊」の署名があるのが発見された。この座談会の様子や池田の発言などについて何も書き残されていないのが残念だが、池田の孫文に対する関心を示す一つの材料である。石嘉成コレクションはもとより、『華僑文化』も「僑務分処档案」もまさに陳コレクションがあってこそ、これらの資料は資料室に提供されたもので、あらためて同コレクションの存在意義に思いを馳せる機会となった。

その後、国立国会図書館に池田の「印譜」があることが武上真理子さんによって発見され、池田が、憲政運動で活躍した尾崎行雄（一八五八〜一九五四）とも交流していたことが判明した。元来池田は、クリスチャンで社会運動家の賀川豊彦（一八八八〜一九六〇）の信奉者で、「賀川を助けて神戸ＹＭＣＡ第四代主事本城敬三と連携して、戦前に世界連邦の必要を神戸市長に執拗に提唱していた人物」（浜田直也氏のご教示）だったともいう。池田は、一九五〇年四月二一日、神戸ＹＭＣＡで世界連邦建設同盟神戸支部を立ちあげている（世界連邦建設同盟一九六九：一〇八）。しかし、池田に関して分ったことは、現段階では以上に止まる。私たちにとって最大の関心事である池田と孫文との接点がどこにあったのかを説明してくれる直接的な資料はまだ見つからない。パズルはまだ未完成のままである。

池田豊や「天下為公」碑の問題は、あるいは神戸という一地方都市のローカルな問題かもしれない。しかし、そこには、孫文や彼の「大アジア主義」講演が、日本人にどのような思い出を刻印していったのかを知る一つの重要な手がかりが秘められているのである。それは移情閣と孫文記念館、さらに神戸と孫文の関係を解き明かして行く上で重要な糸口となるものと期待される。

なお、元山清氏は、当時神戸市兵庫区湊川町に住んでいて、池田豊とは日常生活でも親交があったという。

◎参照文献

石松石材工業所　一九四八「孫文先生記念碑新設工事設計図」(『陳徳仁コレクション』)

池田豊　一九四八ａ「孫文先生記念碑建立趣旨書」(『陳徳仁コレクション』)

　一九四八ｂ「劉増華宛書簡」一九四八年九月一一日(『神阪僑務分処档案』雑巻(二))

　一九四八ｃ「劉増華宛書簡」一九四八年九月一四日(『神阪僑務分処档案』雑巻(二))

　一九五一「機能的世界連邦を主張す」(『華僑文化』37号、一九五一・一・一二)

商震　一九四八「池田豊宛返書」一九四八年九月二〇日(『陳徳仁コレクション』)

武上真理子・安井三吉　二〇〇八「インタビュー　孫文記念碑「天下為公」誕生の歴史を訪ねて」(『孫文』第2号、一二月)

安井三吉　二〇一〇「神戸華僑歴史博物館と孫文「天下為公」碑」(神戸大学大学院人文学研究科海港都市研究センター『海港都市研究』第5号、三月)

2　神戸華僑歴史博物館と孫文記念館の創設―陳徳仁

陳徳仁先生が亡くなられた。一九九八年四月二八日、肝不全のためである。訃報に接したのは連休明け、留学生の蔣海波君からの電話による。私はうかつにもそれまでまったく気がつかなかった。先生には、まことに申しわけない思いでいっぱいである。

陳先生に初めてお目にかかったのは、一九八〇年代初、大阪の自由民権運動で有名な太融寺においてである。その日、先生は山口一郎先生の主宰されていたアジアに関するシリーズ講演会の二回目で、

陳徳仁（1917～1998）
（神戸華僑歴史博物館蔵）

「日本の華僑、世界の華僑―孫文と神戸と在日華僑百年史」と題してお話された。神戸華僑歴史博物館を参観したのは、その後、「神戸華僑と孫文」特別展の時だったと思う。以来この博物館からは多くを教えられたものである。

孫文研究会や孫中山記念会の創設において陳先生が果たされた役割について語るのには、山口先生、山田敬三先生、そ

して中村哲夫氏らがはるかに相応しい。私は、こうした一連の動きに加わった一人として、たまたま当時孫文と神戸について関心が向いていたこともあって陳先生のお話を伺う機会が多くなっていった。

一九八四年のある日、先生から一つの相談がもちかけられた。それは、神戸新聞出版センター（現在の神戸新聞総合出版センター）から、「孫文と神戸」というテーマで本を出さないか、といわれている、一冊の本となると自分一人では難しい、ついてはひとつ手を貸してはくれまいか、というお話であった。私は、ちょうど「『孫文と神戸』略年譜」（神戸大学教養部紀要『論集』）をまとめていたので、よろこんでお手伝いさせていただくことにした。この機会に先生からいろいろ教えていただこうかという魂胆があったのも事実である。

どのような形で本にまとめるかということだったが、まずは先生から「孫文と神戸」に関するお話を聞き出して、それをもとにまとめていこうということになった。そこで、私は、時間をみつけては海岸通のKCCビル一〇階にある神戸中華総商会の会議室（当時先生は総商会の理事長だった）に行き、もっぱら先生からお話を引き出す役目を仰せつかった。これは全部で、三回になった。テープにとっておいたものを起してもらったが相当の分量になった。先生か私か、あるいは編集担当の伊原秀夫さんのアイデアだったか、またいつの時点でそうなったのか、いまでははっきりしないが、いっそ対談形式の本にしようではないかということになった。そこで、テープ原稿をもとに私が整理し、それを先生に見ていただくという形でまとめることになった。話が途中で大いに変わってしまったわけである。伊原さんは、私たちの要望を汲んで、地図や写真が結構多く入った本に仕上げてくれた。王敬祥や楊寿彭ら神戸華僑の写真はむろん陳先生が集められたものを利用させていただいた。

こうして一九八五年一〇月に『孫文と神戸』という題で書店に並べることができた。当時、孫文と神戸の関係については、一八九五年、広州蜂起に失敗した後香港から神戸に来たこと、一九一三年の第二革命に失敗して神戸に上陸したとき、一時諏訪山に潜んでいたこと、二四年に神戸高等女学校で「大アジア主義」講演を行ったことなどについて、それぞれ断片的には知られていた。また、神戸華僑については、鴻山俊雄『神戸大阪の華僑　在日華僑百年史』（華僑問題研究所、一九七九年）などがあったが、私は、『神戸又新日報』『神戸新聞』、それに外務省史料などをふまえて、全体的にとらえなおしておく必要があることを痛感していた。それと、神戸と中国との関係について、神戸の市民にもっと知ってほしい、さらには神戸の人びとが神戸と中国の関係について自分で調べるようになってほしい、という願いもあった。その意味で『孫文と神戸』は、いささかなりともお役に立てたのではないかと思っている。

先にも書いたように、本書はもともと先生の単著として企画されたものであった。あるいはそのような形を尊重すべきだったかもしれない。対談形式としたことで、先生の個性を削いでしまったことはたしかである。この点は、どうかご容赦いただきたい。なお、先生は翌一九八六年、孫文生誕一二〇周年を記念して孫中山記念館（現在は孫文記念館）から『辛亥革命と神戸』を出されている。

陳先生の本業は、いうまでもなく貿易である。その本業についてもっと具体的にお聞きしておくべきだったと悔やまれる。私が神戸華僑について本格的な関心を持つようになったのは、もう少し後のことである。先生は、私たちとの会話のなかで、貿易のことについて時折り触れられることもあったが、主題はいつも孫文の方だった。もちろん華僑の話も少なくなかったがご自身のお仕事を語ることはけっして多くはなかった。私たちに話を合わせて下さったともいえるが、先生ご自身も孫文や華僑を学問の問題として論ずることを好まれていたことも疑いないところである。

私たちにとって陳先生の存在はまことに得難いものであったと言わなければならない。実業家として、また神戸華僑社会の有力なメンバーとしての先生について語ることは、やはり私の任ではない。私たち研究者にとっての先生の遺産は、長年にわたって孫文と華僑

神戸華僑歴史博物館展示室（神戸華僑歴史博物館提供）

についての史料を収集し続けてこられただけでなく、さらに神戸華僑歴史博物館を創設して誰もがその成果を閲覧、利用できるようにして下さったこと、神戸華僑や兵庫県を説得して財団法人孫中山記念会を設立、舞子の呉錦堂の別荘移情閣を孫中山記念館へと発展させてこられたことであろう。神戸華僑研究会の創立と運営において大変ご尽力をいただいたことも、もちろん忘れてはならないことの一つである。

また、孫文と神戸、神戸華僑に関する日中の学術交流の面でも先生の果たされた功績は大きい。『孫文と神戸』をまとめていたころ、先生個人の歩みについてお伺いしたことがある。幸いこれは、「孫文と私—在神華僑の立場から—陳徳仁氏に聞く」と題して『孫文研究』三号(一九八五年九月一五日)に掲載されている。これは先生の生涯の一端をご理解いただくうえで少しはお役に立つかもしれない。先生は、一九一七年三月六日、神戸は須磨のお生まれ、享年八一歳であった。長い間ありがとうございました。心よりご冥福をお祈りする次第である。

(一九九八年五月記)

コラム 2

「孫文と神戸」研究の先駆者
―飯倉照平

飯倉照平先生は、竹内好主宰の雑誌『中国』（三六、三七、一九六六、一一・一二）に「孫文と神戸」という文章を載せておられるが、次のような「付記」を書かれている。

飯倉照平（1934～2019）
（孫文記念館蔵）

「本稿の、特に後半の新聞からの抜き書きに当っては、神戸大学の山口一郎、一海知義の両氏、および編者（飯倉）が協力して、今夏〔一九六六年〕、神戸市立図書館のご厚意によって閲読することを得た資料を利用させていただいたものである。なお、この資料の一部（写真複写にして六十数枚）は、今年の九月から十月にかけて中国を訪問した兵庫県学術代表団によって、中国のいくつかの研究機関にも送呈された。」（『中国』三七、一九六六・一一・一二）

「この資料」とは、兵庫県学術代表団編（飯倉照平・一海知義・山口一郎作成）『孫中山先生と神戸』（アルバム、一九六六・九）のことで、「兵庫県学術代表団」については、訪中兵庫学術代表団編『兵庫学術代表団訪中報告　一九六六、九・二八～一〇・二七』（一九六七）がある。「文革」初期の学術交流として貴重な報告書である。

飯倉先生らの調査・研究は、『神戸又新日報』などの調査を踏まえたものであり、「孫文と神戸」研究において先駆的な仕事であり、神戸華僑史に関しても重要な指摘があり、この面でも先駆的だったといえる。私の『孫文と神戸』における役割は、外務省外交史料館の『各国内政関係雑纂　支那ノ部　革命党関係（亡命者ヲ含ム）』の調査結果を反映させた点にあったということになろうか。

3　平和と友好を願う――林同春

林同春さんは、なによりも華《はな》のある方だった。よく請われて乾杯の音頭をとられたが、お年を感じさせない張りのある大きな声で「おめでとう!」「がんばろう!」と叫ばれると、皆さんがつられて大声で唱和し、会場がいっぺんに和やかになったものである。そんな光景ももう二度と見ることができなくなってしまった。

林同春（1925 ～ 2009）
（神戸華僑華人研究会編『神戸と華僑』神戸新聞総合出版センター、2004 年より）

林さんは、日本の華僑社会の「僑領《チアオリン》」（華僑の指導者）の一人であったが、神戸では華僑社会だけでなく「国際海港都市」を代表する「顔」の一人であった。日中友好と平和は林さんの信条ではなかっただろうか。県や市の代表的な方々とも胸襟を開いてお話されるとともに、日中友好や平和のために日々汗水流している市民の方々ともまったく同じような姿勢で談笑されていた。神戸中華総商会（ＫＣＣ）ビル九階の港に面した林さんのお部屋には、いろいろな方々が相談を持ち込んでいて、私は一〇階の華僑歴史博物館の資料室で仕事をしている関係から、時々お部屋を覗くとよくそんな場にでくわすことがあった。「まあ、お茶でもどうですか」というのが林さんの口癖だった。友好や平和の問題については、いろいろ考えがあるのが現実だが、林さんはそうしたことを気にもせず、だれとでも分け隔てなく接しておられた。

二〇〇四年の夏、林さんの故郷、福建省福清市東瀚《とうかん》村を訪ねた（地図参照）。華僑のことを勉強しているものなら一度は訪ねてみたいと思う村である。わずか九歳の少年林同春が村の沖合いに停泊していた大きな船に乗り込み、日本を目指したのは一九三五（昭和一〇）年の春のことであり、再び故郷の土を踏むのは日中国交正常化の前夜、一九七二年春、四六歳の時だった。この三〇余年、日中戦争、中華人民共和国の建国、日華平和条約、

東瀚村から神戸へ（1935年春）
（神戸華僑華人研究会編『神戸と華僑』神戸新聞総合出版センター、2004年より）

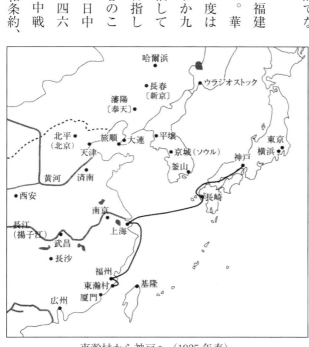

文化大革命など中国と日中関係には実に多くの出来事があった。林さんは、こうした激動の時代を生き抜いてこられたのであり、日中友好と平和への願いが林さんの信条となったのにはこのような歴史が背景にあったのである。

林さんにとって祖国は中国ただ一つだが、故郷は福清東瀚村と神戸と二つであった。戦後林さんは、若き実業家として成功を収め、その成果を神戸華僑社会と東瀚村の発展のために還元された。実は、舞子の移情閣（孫文記念館）もその恩恵を受けていたのである。一九六四年、六五年と移情閣は連続して台風の襲撃で大きく損壊し、一時は廃屋寸前の状態にまでなっていた。そこで、林さんらは、修復とあわせ移情閣を孫中山紀念館とするという大義をたて、募金に取り組んだのだ。林さんご自身も相当の私財を提供されたと人づてに耳にしたことがある。間違いない話である。とすれば、孫文記念館が今日あるのは、林さんらのご尽力によるところ大なのである。

記憶の確かさ、決断の速さと的確さなどは天性のものかもしれないが、穏やかで大きな包容力は、やはり日本に来てからの辛苦の経験の積み重ねが大きな役割を果たしていたのではないだろうか。二〇〇九年の春、長年務めてこられた孫中山記念会副理事長の役目を後進に譲りたいとお申し出になられた。心身の衰えを感じられてのことのようで、やや不安を覚えていたが、まさかこのように足早に旅立たれるとは思ってもみなかった。今は感謝のみ。

（二〇〇九年一一月記）

4　神戸華僑華人研究会──山口一郎と長谷川善計

神戸に華僑華人研究会（当初は、華僑研究会といっていた）ができたのは、一九八七年のことである。発起人の名簿をひっくり返してみたが、陳徳仁先生のお名前はあるが山口先生のは見当たらない。この研究会は、長谷川善計先生（神戸大学文学部）や中村哲夫氏（神戸学院大学人文学部）などと相談して立ち上げたもので、山口先生のことは華僑研究会に関するかぎり念頭になかったのかもしれない。例会にも当初は出ておられなかったように思う。ただ、発足して何年かは、北区の関西地区大学セミナーハウスで、孫文研究会と合同で合宿などをやっていたのでそのときはご一緒させていただいた。

華僑研究会は、一九九八年秋に中華会館が落成してからは、場所的なこともあり中華会館で開くことが多くなったが、それ以前は神戸大学文学部の教室を借りてやっていた。山口先生がこの華僑研究会に顔を出されるようになったのはいつのことか今ははっきりとは思い出せない。ときどき、こんなことをやっていますよ、今度は出ていただけませんかなどとお誘いしたことは覚えている。例のように飄然と現われ、だいたい海側の席に座られていた。報告が終わって質疑討論になり、先生に発言をお願いすると、いやいや僕は、などといいながらお話が始まる。それは結構長くなるのがいつものことであった。

会が終わると、これもいつものコースであったが、阪急六甲近くの六甲苑で、みんなで飲みながら話を続けた。このときは、これまたいつもの光景であったが、長谷川先生（ときには中村哲夫さん）と山口先生との間の議論が沸騰したものであった。長谷川先生は、近代主義者（と私はいまでも思っている）であって、とにかく元気で声が大きく、知らない人からするとときに怒鳴っているようにも聞こえただろう。どんな話だったかもう覚えていない。とにかく二人は何度話してもかみあわない。長谷川先生は先生で、大体相手の話に耳を傾けるというよりは、とにかく自説をしゃべりまくってでは今日はここまで、というタイプの方であった。しかし、山口先生は、どんなに押しまくられてもこれもさすがでけっして自説を引っ込めたりはしなかった。したがって、議論はいつも同じ論点をめぐっ

六甲苑で語らう長谷川、山口、陳の各先生（左から）
（『神戸華僑華人研究会創立20周年記念誌』より）

てくりかえされていたようだ。もっともこの二人は、しかし、ヘビースモーカーという点では共通していた。

私たちは、山口先生が来られると今日はどういう展開になるか予想し、大体がその通りとなった。それは、研究会に参加する私たちの楽しみの一つでもあった。夕食が終わると今度はコーヒーである。これは、先生の日常のパターンだったのだろう。私は、碁をしないので、コーヒーというわけである。今度は、私の番だった。大体は、院生が何人か一緒だった。先生は、私よりも彼女たちの参加を何分か期待していたようだ。そこでは、孫文の話になるのがこれもいつものことだった。明治維新の志士たちの気概そして陽明学左派のことを彼女たちに向かってとうとうと語ってやまない。タバコはその間も絶えることがなかった。「やすいさーん、文学者はね、物事の本質、それがホンモノかニセモノかを一瞬にして見分ける眼力をもっているのだよ」、というのが口癖だった。竹内好のことを思い浮かべていたのかもしれない。何度この言葉を聞いただろうか。しかし、山口先生、晩年の先生は孫文を語ることは多かったが、毛沢東についてはせいぜいその「主観的能動性」に言及するぐらいだった。

長谷川先生、陳徳仁先生、山口先生、皆逝かれてしまった。そして今神戸中華同文学校校長李万之先生の訃報に接したばかりである。私の思い出のなかでは、先生方はいつも一つになっている。私たちの人生を豊かにして下さった方々ばかりである。

（二〇〇一年一月記）

第三章

「大同の夢」を求めて——陳舜臣の孫文像

（１）孫文という大きな存在

陳舜臣は「はじめに」ですでに述べたように、一九二四年の神戸生まれ、二〇一五年逝去、九〇年の生涯、作家生活は、一九六一年の江戸川乱歩賞受賞作『枯草の根』以来の五五年に及んだ。

『陳舜臣さんを語る会通信』の編者・発行人の橘雄三さんは、「T氏の書架」に配架した陳舜臣の単行本を一六六作、二〇六点としている。これらの単行本に収録されていないエッセーなどはどれくらいに上るのだろうか？　いずれにせよ私が読んだのはその内の十分の一にも達しない。しかもその大半はこの一年の間に

陳舜臣さんを語る会通信

NO.110　Feb. 2024

発行　兵庫県明石市北朝霧丘2-8-34
橘雄三方「陳舜臣さんを語る会」
Tel.078-911-1671
編集「陳舜臣さんを語る会通信」編集委員
発行日　2024年2月1日
http://www.eonet.ne.jp/~yuzo/

T氏の書架にみる陳舜臣作品の全貌

昨日から、神戸華僑歴史博物館に於いて、陳舜臣生誕100年記念特別展が始まりました。ところで、この行事のチラシ、並びに、特別展の挨拶文に、陳舜臣さんの著作の多さが「膨大な作品（群）」と表現されています。これを実感していただきたく、私（橘）の書架の陳舜臣作品を推理小説、小説（一般）、エッセーほかに３分類し、写真に撮り、画像を横置きＡ３に印刷し、繋いで特別展の展示に加えました。

これを、本号で紹介いたします。　　（編集委員　橘雄三）

T氏の書架にみる　陳舜臣作品の全貌　ほぼ

推理小説　単行本刊行年順

他人の鍵
幻の百花双瞳★
青玉獅子香炉★
孔雀の道
玉嶺よふたたび
紅蓮亭の狂女★
濁った航跡
影は崩れた
炎に絵を
桃源遙かなり★
白い泥
まだ終らない
黒いヒマラヤ
月をのせた海
天の上の天
割れる
怒りの菩薩
方壺園★
弓の部屋
三色の家
枯草の根

★は短編集

獅子は死なず★
神獣の爪★
三本松伝説★
海の微笑★
杭州菊花園★
異人館周辺★
崩れた直線★
クリコフの思い出★
神戸異人館事件帖
燃える水柱
漢古印縁起
闇の金魚
青春の烙印
柊の館
虹の舞台
失われた背景
長安日記
笑天の昇天★
南十字星を埋めろ★
望洋の碑★
六甲山心中★
崑崙の河★
夜の歯車★
異郷の檻のなか★
北京悠々館
凍った波紋
銘のない墓標★

T氏の書架（橘雄三氏提供）

急いで目を通したものである。つまり以下に書くことは、「にわか陳舜臣」の学習ノートにすぎないが、陳舜臣に近づくうえでの一助になれれば幸いである。

本文を書くに当って参照した主な文献は次の六点である。

①宮本近志・芦沢孝作編「年譜」（『陳舜臣中国ライブラリー30 桃源郷』集英社、二〇〇一）

②陳舜臣編『陳舜臣読本 Who is 陳舜臣？』（集英社、二〇〇三）

③山田敬三「国家・民族の枠を超える文学　陳舜臣」（神戸華僑華人研究会編『神戸と華僑　この一五〇年の歩み』神戸新聞総合出版センター、二〇〇四）

④稲畑耕一郎『境域を越えて　私の陳舜臣論　The World Will Be As One』（創元社、二〇〇七）

⑤野嶋剛『日本の台湾人―故郷を失ったタイワニーズの物語』（ちくま文庫、二〇二三、初刊『タイワニーズ―故郷喪失者の物語』小学館、二〇一八）

⑥橘雄三編『陳舜臣さんを語る会通信』第1（二〇二〇・三）～第116号（二〇二四・五、続刊中）

陳舜臣（1924 ～ 2015）
（孫文記念館蔵）

陳舜臣は、孫文を非常に重視し、自らの理想を孫文に仮託して語っていた。二一世紀初、かねてから温めてきた孫文を主人公とする歴史小説『青山一髪』を発表した。これは、一八九五年一〇月の広州蜂起失敗後の長い「亡命生活」を経て一九一一年一二月の「中国本土」（上海）帰還までの孫文の革命運動を描いた小説であるが、初め二〇〇二年五月一三日から〇三年六月二二日にかけて、『読売新聞』朝刊に連載され、その年の一一月に中央公論新社から上、下の二巻本（上＝「孫文起つ」、下＝「辛亥への道」の副題がつく）として、さらに三年後の〇六年三月、同社から文庫本として刊行された。この時、書名は『孫文』と改題された。『青山一髪』の「あとがき」で、陳舜臣は次のように述懐している。

「近代を書くに至って、つねに孫文という大きなテーマに邂逅した。そしてそのまわりを手さぐりで行きつ戻りつしたものである。」（下：三三四）

『青山一髪』刊行後の中国文学者加藤徹氏との対談でも、陳舜臣は同じ思いを吐露している。『炎に絵を』（一九六六）、『阿片戦争』（一九六七）などの

「そうした近現代小説を書くたびに、私はいつも孫文という大きな存在にぶつかりました。そして彼の周辺を手探りで行きつ戻りつしながら、思いをめぐらせました。いつかは正面から取り組まねばならないテーマでした。」（二〇〇四b：二四八）

陳舜臣にあって『孫文』は、『阿片戦争』、『江は流れず　小説日清戦争』（一九七七〜八〇）、『太平天国』（一九八二）に続き、中国近代史を素材とした歴史小説四部作の掉尾を飾る作品となった。この間およそ四〇年、中国と日中関係においては、「プロレタリア文化大革命」の勃発（一九六六）から毛沢東の死と「文革」の終焉（七六）、日中国交正常化（一九七二）、天安門事件（一九八九）、台湾の民主化（八〇年代後半から始まる）などなど大きな出来事が次々と起こった。陳舜臣の孫文像と中国近現代史像もこうした歴史的経過の影響を免れずにはおれなかった。『青山一髪』（『孫文』）は、陳舜臣の中国近代史に関する長年の模索の集大成だったともいえよう。

（2）二つの画期・四つの契機

ところで、長い執筆活動の過程で、陳舜臣の孫文像は、民族主義者から世界主義希求者へと変化していった、そしてそれは、陳舜臣における中国近現代史像の変化に伴ってのものでもあった。新民主主義革命史観からその見直しへ、というのが私の一つの仮説である。

この変化の過程は、大きくは次の二つの時期を画期とし、四つの出来事を契機とするものであった。

第一の時期（一九四四〜四七）

A　斯諾『西行漫記』との出会い（一九四四）

B　台湾の二・二八事件に遭遇（一九四七）

第二の時期（一九八八～一九九六）

C　台湾の民主化（一九八八～一九九六）

D　中国の天安門事件（一九八九）

陳舜臣において孫文像の変化は、当然のことともいえるが孫文と同時代の人々、康有為と梁啓超に対する見方の変化を伴うものでもあった。以下、具体的に検討していきたい。

第一の時期　斯諾『西行漫記』と台湾二・二八事件

『西行漫記』との出会いと台湾の二・二八事件との遭遇は無関係であることはいうまでもないが、実は陳舜臣の中国近現代史像形成にとってその基盤を築く契機となったという意味できわめて重要である。端的にいえば、この一冊の本と事件とは、陳舜臣における毛沢東と中国共産党の歩みを軸とする中国近現代史像、すなわち新民主主義革命史観の受容の基盤になったということである。新民主主義革命史観は、「『共産党人』発刊の辞」、「中国革命と中国共産党」（一九三九年）と「新民主主義論」（一九四〇年）など一九三〇年代末から四〇年代初期、延安において骨格が形成され、一九四九年の中華人民共和国建国によって中国内外において広く受容されるものとなった。この中国近現代史像は、長年にわたって中国近現代史上の事件と人物を評価し、位置づける基準とされてきた。私には、陳舜臣も、いろいろ矛盾を感じながらも一九八〇年代までは基本的にはこのような新民主主義革命史観を受け入れていたように思える。そして、陳舜臣がそのような近現代史像を受容する上で、『西行漫記』との出会いと台湾の二・二八事件との遭遇は契機としてきわめて重要だったと考える。

日中戦争の最中の一九四四年秋、陳舜臣は、東京に行き、本郷の宿で倉石武四郎先生の話を聞き、また「銀色にきらめく」米軍のB29の「機影」を初めて見る。その時期、神田の古本屋で斯諾『西行漫記』を買った。エドガー・スノーの『中国の赤い星』の中国語訳、上海の復社から一九三八年に出版されたものである。この本を読んだときの感激を、七六年九月、毛沢東の死去に際して書いた「詩人教師毛主席」（一九七六b）の中で次のように思い起している。

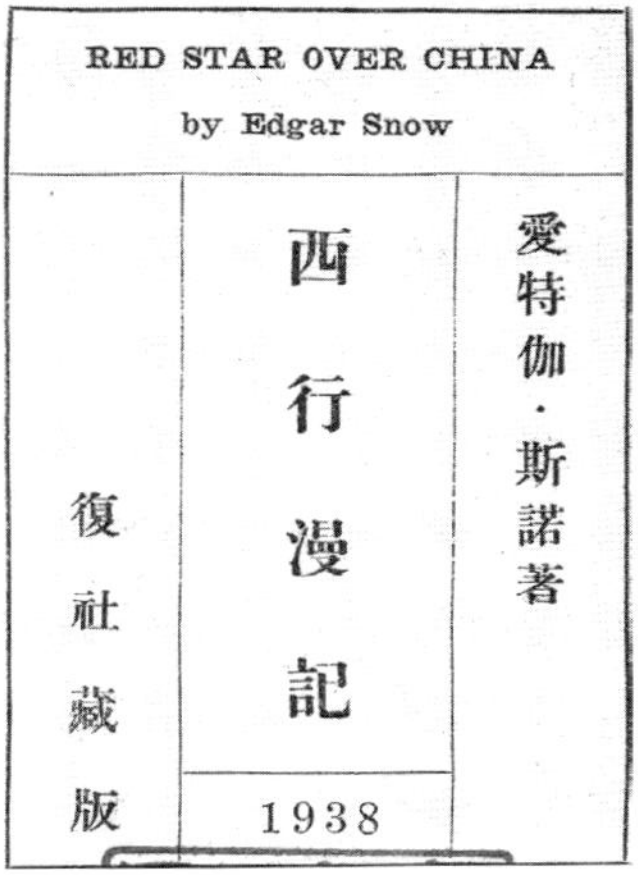

愛特伽・斯諾『西行漫記』(1938)
(国立国会図書館関西館蔵)

「私が中国共産党と毛主席のことを、かなりくわしく知ったのはこの本からであった。……。毛沢東、朱徳、周恩来といった名は耳にしていたが、それはただの名前にすぎなかった。『西行漫記』を読んで、はじめてそれらの名に血が通ったといってよい。

（中略）

『西行漫記』を読んだとき、私は二十にすぎなかったが、興奮をおさえることができなかった。幾晩も睡れなかったことをおぼえている。」（一一六）

スノーを介して、毛沢東や中国共産党、「新中国」を想うようになるのは、戦後日本の近現代中国史研究を志した若者に共通した姿であったが、陳舜臣は、戦争中にすでにその過程を歩んでいたのである。ただ、陳舜臣が、この思い出を語るのは毛沢東の死に直面して初めてのことであり、『青雲の軸』（一九九三）や『道半ば』（二〇〇三）、「私の履歴書」（二〇〇四）や「わが心の自叙伝」（二〇一〇―一一）など多くの回想記のなかでは触れていない。

＊『道半ば』の中では、次のような文脈において『西行漫記』の名を挙げるに留めている。

「週に一度か二度は学校［大阪外国語学校］の焼け跡へ行き、書籍のにおいを嗅ぎ、輪読会で“Sino-Iranica”（シノ・イラニカ）からシルクロードの移り香をたのしんだ。また「禁」の字を貼られた、たとえばエドガー・スノーの“Red Star Over China”（中国の赤い星）などが読めた。またこれには日本が上海租界を接収する前に刊行された『西行漫記』がついていた。スノーの中国語訳本である。

私にとっては『シノ・イラニカ』も『西行漫記』も、新しい別世界であった。とくにそれを焦

土を背景に読んだことが忘れられない。」（一四二）

なお、「私の履歴書」⑪（二〇〇四・六・一一）では、同時期、大阪外国語学校の金子二郎教授からこの本を読むように勧められたと書いている。

一九七六年といえば、すでに「文化大革命」の矛盾がいろいろと表面化しつつあったが、陳舜臣の毛沢東や中国共産党への信頼は維持されていた。つまり、陳舜臣の中国像の基底には、ずっと『西行漫記』の印象が崩れないままあったのである。

＊陳舜臣「詩人教師毛主席」、陳舜臣と『西行漫記』との出会いについては、橘雄三編『陳舜臣さんを語る通信』第115号（二〇二四・五）でも取り上げられている。なお、エドガー・スノーの『西行漫記』、"Red Star Over China"の誕生とその後については、石川禎浩『赤い星は如何にして昇ったか知られざる毛沢東の初期イメージ』（二〇一六）を参照していただきたい。

さて、陳舜臣は、戦後間もなくの一九四六年二月、神戸を発って広島の呉から台湾に向い、四九年一〇月、神戸に戻る。台湾滞在は三年半に及んだが、この往来を陳舜臣は次のようにまとめている。

「垂水の家から台湾に帰ったが、こんどは父が新しく買った布引町の家に帰った。どちらも帰ると表現するところが私の運命だったのである。」（『道半ば』三〇四～三〇五）

台湾に「帰る」いきさつについて、『道半ば』ではこう書いている。

八月一五日、日本の敗戦により、将来について、

「私も選択肢をいくつかとりあげられたのである。

否応なく国籍を変更されたので、これまで自分に予定されていたコースが取りにくくなったのである。大阪外語は国立だから、そこの教授、助教授は国家公務員という一面がある。「任官」しなければならないのだ。……。

「よし。やめた！」

私は中国の歴史や文学にもっと親しまねばならないと思った。それから故郷とはいえ、二度か三度の短い滞在しか経験せず、辛うじて何既明さんから教えられるようにして知った台湾のことを、自分の目で見、耳で聞きたいと思った。」（一四六～一四七）

「国籍を変更されたので」の部分は実は複雑な過程があった。降伏日本を占領下においた連合国軍

総司令部（ＧＨＱ）とその管理下に置かれた日本政府、台湾を「光復」した中華民国の三者の対応は複雑であり、ここでは陳舜臣の回想に従い、陳舜臣は日本降伏を契機（時期は別）として日本国籍を失い、中国（中華民国）籍を回復して、華人（日本籍）から華僑（中国籍）になったと受け止めておこう。大陸出身者を老華僑というのに対して日本降伏後中国籍を回復した台湾出身の人々を新華僑と呼ぶようになるが、陳舜臣はまさに新華僑として新たな道を歩むことになったのである。

神戸の台湾出身者は、四五年一〇月、台湾省民会を、大陸出身者は一一月、神戸華僑総会をそれぞれ組織、翌四六年一一月二三日、両者は合併して神戸華僑総会を結成した。この間、台湾省民会は、台湾出身者に対して、省民会への「登録」を呼びかけ、登録者には「中華民国台湾省民証」を発給した。これは、当面台湾への「帰国」の便と連合国軍による「特別配給」（特配）受給を目指したものである。「台湾省民」の台湾への「帰国」の第一期は、四五年一二月から四六年三月一八日までであり、陳舜臣が台湾へ帰ったのはこの時期で、「省民証」による保証によるものと思われる。

＊台湾出身者のこの時期の国籍問題については、岡野翔太（二〇二四）を参照されたい。

台湾で陳舜臣は故郷の中学校で英語教師として働く。一九四七年二月二七日、台北で闇たばこを売っていた「中年の未亡人」に対する糾察隊員による暴行への抗議から始まった台湾省民（本省人）の、新たな統治者国民党と国民政府への全島規模の抗議行動に対して、陳儀を代表とする台湾行政長官公署と国民政府は激しい弾圧を加え、万もの死者と行方不明者を出す大惨事をもたらした。この事件を陳舜臣は、台北近郊の人口一万ほどの小都市新荘の中学校の一英語教師として体験している。

この事件については、陳舜臣の回想録『道半ば』に詳しい。陳舜臣の心の中に、蔣介石・国民党・国民政府の弾圧事件として深く刻印されていった。以下、『道半ば』に記されたこの事件に関する陳舜臣の心情を示す言葉を拾っておこう。

「一九四七年二月二十八日、台北で端を発したトラブルは、台湾の現代史最大の事件であった。」（二三二）、「二・二八ということばは、台湾人にとっては特別の響きをもっている。」（二三七）、「大ぜいの人が命を失った。日本で育って、台湾で知人のほとんどいない私でも、かすかな縁を結んだ人に、凶弾（あるいは凶刃）に倒れた犠牲者がいた。」（二四五）、「一九四七年三月十日の記念周で、蔣介石は二・二八事件にふれ、これは日本統治の遺毒と共産党員の扇動によって起こった反乱であるときめつけたのである。」（二四八）、「抵抗しない市民を無差別に薙《な》ぎ倒して行くなど、私には信じられないことであった。」（二五〇）。「三月八日の基隆からはじまった銃声は、私の人生最悪の思い出である。三月じゅうは、ほとんど新荘から出ることはなかった。」（二五三）

この二・二八事件の犠牲者について今日の台湾の研究者は、

「今に至ってもなおわれわれは、この血なまぐさい鎮圧時期に、いったいどれくらいの台湾人が殺されたのか、知るすべを持たない。その数は数千から10万人以上とさまざまだが、研究者たちの間では、おそらく一万八〇〇〇人ほどの犠牲者がいると推測するのが一般的である。」（周婉窈二〇一三：

二一八～二二〇）

と概括している。

一方、国共内戦下の大陸では、一九四八年五月二〇日、蔣介石が総統に就任、同日、「動員戡乱時期臨時条款」が決められ、四八年一二月、大陸で、翌四九年五月、台湾で「戒厳令」が布かれた。これは、八七年まで続く世界最長の「戒厳令」となり、白色テロがくり広げられる。陳舜臣は、こうした二・二八事件と戒厳令の施行を身を以て体験して、四九年一〇月、神戸に「帰」った。

この体験は、陳舜臣の蔣介石と国民党観を決定づけるものとなった。他方で、陳舜臣はこの苦難の時期、後に総統となる李登輝や何既明らの友人を得ている。

陳舜臣は、先述のように毛沢東の死に際しては「詩人教師毛主席」などその死を悼むいくつかの文章を発表しているが、一九七五年四月五日の蔣介石の死については何も言及していない。『西行漫記』と台湾での二・二八事件とは、陳舜臣の心の奥底に長く封印されたまま、その後の中国、台湾への見方の根底に置かれていたのである。

康有為・梁啓超、ガンディー

康有為、梁啓超、ガンディーは孫文と同時代の人物で、陳舜臣は彼らを描くことによって、孫文の特徴を際立たせようとした。そこで、ここでは、陳舜臣がこれら三人をどう描いていたかを確認しておくことにしたい。ここでは、以下の三編を対象とする。

①康有為：「頼りすぎた男・康有為」(二〇〇一 a)

②梁啓超：「追い越されるジャーナリスト・梁啓超」(二〇〇一 b)

③ガンディー：「アジアの解放　アジア思春期の二巨人」(二〇〇一 c)

康有為と梁啓超については最初に発表されたのが一九七〇年代半ば、ガンディーについては八五年であることにまずは留意しておきたい。

「アジアの解放」で陳舜臣は、アヘン戦争後の中国の抵抗運動をまず「攘夷スタイル」、次に洋務、変法そして革命と変化してきたとして、

「孫文は洋務派から脱却して革命家になった」(二〇〇一 c：五〇一)
「同じ変法思想の根から、保皇派と革命派とがうまれた。前者の代表が康有為であり、後者の代表が孫文であった。」(五〇二)

つまりは、洋務→変法→革命という歴史認識である。
まず康有為(一八五八～一九二七)について、陳舜臣はこう語る。

「洋務から変法へ。——これは大きなカーブである。このとき、変法運動の先頭に立って旗を振ったのが康有為なのだ。

従来の路線を変える運動の旗振りをするのは、進歩的な人物といわねばならない。たしかに、この時点では康有為はきわめて進歩的であった。」

「反動的な洋務派の前では、康有為は光り、帝制覆滅を唱える孫文たち革命派の前では、彼の光は薄れる。」（二〇〇一c：三七九）

一八九八年の戊戌変法・政変までということだろう。戊戌政変後、康有為は、

「あくまで光緒帝の「開明」に頼ろうとし、立憲政体論をひっこめて、開明専制論まで後退した。」

＊「開明専制論」の代表は弟子の梁啓超であった（狭間直樹二〇一六：一七四〜一八三）。

そして、陳舜臣はこれを一般化してこういう。

「進歩的と見えた人物が、あるところまで行くと、とつぜんまわれ右をする。それまで歩いて

康有為（1858 〜 1927）
（池田誠・安井三吉・副島昭一・西村成雄著『図説中国近現代史』第3版、法律文化社、2009 年より）

いたのに、まわれ右をしたあと、やみくもに走り出すことも多い。これまたアジアの近代史のいたるところで見かける情景である。」（三九〇）

梁啓超については、「大ジャーナリスト」（四一八）、「天才的ジャーナリスト」（四二〇）というのが陳舜臣の梁啓超に対する基本的評価である。

梁啓超（1873 ～ 1929）
（神戸中華同文学校百年校慶慶祝委員会編『建校 100 周年紀念冊』2000 年より）

師の康有為の「大同書」と梁啓超の「新中国未来記」は同じ一九〇二年に書かれた未来物語であった。「未来記」は、一九一二年に「大中華民主国」が成立するとしていたがこれはまさに予想通りであった。しかし陳舜臣は、それは「十年先のこと、手をのばせば届くような「未来」だけが、梁啓超の関心をひくのである。」（四二三～四二四）とその限界を指摘する。他方、康有為の「大同書」についても、

「そのときからもう七十年以上も経過したが、その第一段階である世界国家さえまだ実現していないのだ。康有為自身もそれを何百年、いや千年単位の未来に置いたのであろう。それはもう「夢」と同じである。」（四二四）

として「夢物語」を語っているに過ぎないと批判した。

陳舜臣は、梁啓超については初期のジャーナリストとしての役割を高く評価する。

「われわれは梁啓超の一生に、トップ・ランナーの悲劇を見ることができる。スタートを切ったころ、なんと彼ははなばなしかったことか。おおぜいのランナーが、彼のうしろについて、彼の走り方を真似ていた。梁啓超の一種独特な文体は、多くの青年によって模倣され、新民体という名前さえつけられた。若き日の毛沢東も、さかんに新民体の文章を作ったことがあると語っている。」（四二九）

しかし、中国の「蘇生」は、梁啓超が描いた「中等社会」ではなく、

「プロレタリア革命によったという歴史の流れからふりかえると、梁啓超の見方が誤っていたことがはっきりする。」（四三〇）

と厳しい批判を加えていた。ガンディーと孫文については、二人とも「先進国に留学」しながらもそれぞれ「中国とインドからはなれなかった」、「外国での活動が認められた」（五〇三）、「外国で高め

た名声によって、故国の人たちに期待された」（五〇四）、「たいへんな読書家であった」（五〇四）などの点で共通したが、孫文が武力闘争、ガンディーが非暴力という点で相異した。ロシア革命への対応も両者でことなった。

こう対比をしたうえで、結論として次のように言う。

「アジア思春期の両巨人は、それぞれ誰よりも中国的な中国人、誰よりもインド的インド人であったといえよう。一八六〇年代に生まれた両巨人は、一世代のちの世紀末生まれの毛沢東やネールにバトンを渡したのである。」（五〇六〜五〇七）

陳舜臣においては、一九八〇年代まで孫文の位置は、毛沢東・中華人民共和国へ、「プロレタリア革命」へという歴史の「流れ」の一過程に置かれていたといえよう。「プロレタリア革命」によって中国の現在があるという認識は、新民主主義革命史観の骨格である。

第二の時期　台湾の民主化と天安門事件

一九八〇年代後半から始まる台湾の民主化と八九年の天安門事件とは、中国近現代史を新民主主義革命史観の視点で見てきた陳舜臣に中国近現代史像の見直しを迫り、それと連動して、孫文像にも変化が生まれた。民族主義者から世界主義希求者への位置づけの変化である。それは、当然、康有為や梁啓超など変法派に対する見方の変化を伴うものともなった。

台湾の民主化

一九八八年一月一三日、蔣経国総統が病没し、代わって李登輝が総統に就任した。李は、初めての本省人総統であり、二・二八事件当時からの陳舜臣の友人であった。李登輝は、総統に就任するや、「報禁」、「党禁」を撤廃し、九一年に憲法改正に着手し、さらに四四年ぶりの立法院委員の総選挙を実施、九六年には、はじめての総統直接選挙を実施して再選を果たした。台湾は、白色テロの時代から民主化の時代へと一挙に進んだ。しかも、これは、民衆の大衆運動を基礎に、全く無血で遂行されたことは奇蹟的であったとさえいえよう。

天安門事件

一九八九年六月四日、民主化を求めて天安門広場に集まっていた学生らの行動を「反革命暴乱」と断定した鄧小平指導下の中国の党と政府は、戦車と装甲車で固めた人民解放軍の戒厳部隊を動員し、武力をもって学生を排除し、広場を制圧した。人民解放軍は、広場への途上で民衆と衝突し、多くの死傷者を出した。死者は、当局の発表でも軍民合わせて三一九名、負傷者は約九〇〇〇名に達した。

陳舜臣はこの事件から大きな衝撃を受けた。事件直後に、新聞に「権力の奈落　目前の命救わねば」（『朝日新聞』）、「天安門惨劇を『専制』葬送の号砲に」（『毎日新聞』）、「黒い男―中国の変革と若者たち」（『河北新報』）を寄稿し、さらに「「血で書かれた事実」は隠せない―歴史に照らして」（『文藝春秋』）、「ああ老独裁者に血ぬられた母国の民よ―中国四千年の教訓はどこへ」（『現代』）という一連の文章を二つの雑誌に発表し、鄧小平指導下の中国の党と政府を厳しく批判した。これらは陳舜臣にしては珍しく激情を吐露した抗議文である。以下、『文藝春秋』に寄稿した文章に則して見て行くことにしたいが、彼は、天安門広場の学生たちの行動を一九一九年の五四運動の継続と見た。

「一九八九年初夏、北京天安門広場に「民主化要求」の声が挙がったことは、これが五・四運動のつづきであることを物語っている。五・四運動では、学生たちが曹汝霖を殴ったりしているが、七十年後のことしの運動には暴力はともなわなかった。整然とした非暴力運動であったが、それが武力によって弾圧され、空前絶後（絶後であることを祈る）の流血事件となった。」（一八九）

と記している。ここで陳舜臣は、紀元前五四八年、斉で起こった大夫（宰相）崔杼《さいちょ》による主君荘公殺害、景公擁立をめぐる歴史を引いて、

「真実は、死をかけても、正しく記録されるべきだ。記録されたものが、歴史を編集する時の資料となる。まちがった記録は、歴史をまげることにほかならない。」(一八六)

と警鐘を鳴らす。また、陳舜臣は、この文のなかで一九二六年三月一八日の段祺瑞政府による天安門広場での学生・市民の請願行動に対する弾圧事件の際に教え子劉和珍が殺害されたことに抗議して魯迅が書いた有名な「花なきバラ」の一節、「墨で書かれた虚言は、血で書かれた事実を隠すことはできない。」とともに、あわせて魯迅の「空論」と題する短文を引いている。

「――今度の事件での死者が、来者にのこしてくれた贈りものは、多くのしろものの仮面を引きはがして、人間の相の下にかくされていた思いもよらぬ凶悪さを暴露してくれたことである。あとにつづく戦士は、それに学んで当然、ちがった戦法をとらねばならない。」(一八八)

天安門事件の死者数については数千にも上るという説もあるが、今日もなお確定されていない。中国当局は、現在も事件を「反革命暴乱」とした当時の規定を維持する一方、犠牲者の追悼だけでなく報道さえ厳しく禁止している。真実の歴史は今日なお書かれていない。

陳舜臣は、この文において、一つの事実が真実として認められるのに長い年月を要した事例をいく

つか上げている。たとえば明代に、

「「建文」という元号が存在したことが認められたのは百九十三年後の明の万歴二十三年（一五九五）になってからだった。しかも建文帝即位のことまでは認められなかった。それが認められたのは、明がほろびて九十二年後の清の乾隆元年（一七三六）である。死後三百三十余年もたってから、しかもつぎの王朝から恭閔恵皇帝というおくりなをもらったのだ。」（一九二）

という史実を引いている。陳舜臣は、このような歴史上の事例を示すことによって、ある事実が事実として承認されるのには、場合によって数百年という時間を要することもありうるものだというとともに、どんなに時間がかかろうとも事実は事実としていずれは公表されるものだと言おうとしたのだ。この文を、陳舜臣は、三千年も前の殷の紂王の暴虐が、二〇世紀の初めに至って、殷墟の発掘により出土した「占卜の甲骨片」の発見により、

「三千年たって、歪曲された記録が一部訂正されたのである。むかしはかくしやすかったのだろうが、現在はそんなわけにはいかない。

報道の自由、思想の自由は、現代の生活の基本であり、会合、結社の自由も含めて、中国の憲

法にも明記されていることをおもった。」（一九三）

と結んでいる。

陳舜臣にはこの時、段祺瑞と今日の「老独裁者」とが重なって見えていたのであろう。

一九九〇年一〇月、陳舜臣は、七三年に取得した中華人民共和国の国籍から離脱して日本国籍を取得し、一二月、台湾に「帰」った。一九四九年以来、四一年ぶりの帰還であった。友人李登輝総統の配慮があっての台湾であった。

実は、天安門事件に際しては、日本の華僑総会も厳しい批判の「声明」（大阪・神戸・京都等関西華僑総会　一九八九）を出していた。こうした華僑の批判に対して、中国政府は、国務院僑務弁公室責任者「談話」（一九八九）を通じて「華僑政策　今後も実施・政策に変更なし」（国務院僑務弁公室一九八九）の方針を示すなどして華僑からの批判を柔軟に処理しようとした。

これに応じてか、一九九二年の日中国交正常化二〇周年を迎えて、陳舜臣は、大連や長江上でのシンポジウムに参加して今後の日中関係の発展に向けて提言を行っている。

一九九七年七月の香港返還を前にして、陳舜臣は、国旗「五星紅旗」と香港区旗「紫荊花旗」を対照しながら、「返還後の香港については、悲観論もあれば楽観論もある」としつつ、「私も香港の未来には、大きな期待をもつ」とし、「香港の場合は分割されていたのが、もとに戻ったのである。同株のものが分れてはならないという教訓には変わりはない。」（二〇〇一e：六〇六）との認識を示していた。

ところで、先の天安門事件における中国批判、国籍変更については、稲畑耕一郎氏の質問に答えて次のように語っている。

稲畑：陳さんが日本国籍を取られたのは、八九年六月の第二次天安門事件がきっかけだったんでしょうか？

陳　：ええ。おそらくあれがなければ、そのまま人民共和国の国籍でいったかもしれないですね。ちょっと失望したんですよ。あのとき、私は新聞なんかに中国政府を非難する、かなりきつい文章を出しました。今後、入国拒否されるんじゃないかと、自分でも思ったほどです。

稲畑：中国筋のほうから、それについて何かリアクションがありましたか。

陳　：いえ、何もなかったです。（二〇〇一f：六四六〜六四七）

「韜光養晦」政策に基づく中国の対応、今後の日中関係への期待、華僑華人としての立場などさまざまな要因があったかと推察されるが、その後陳舜臣は公開での中国批判は控えるようになる。

＊伊地知善継・山口一郎監修『孫文選集』全三巻（一九八五）完成に寄せて書かれた「時をこえた

孫文の著作―『選集』全三巻完成に思う」（一九八九f）の中で孫文の五権憲法があれば、天安門事件の「悲劇は避けられたと、残念におもえてならない」と述べているのが目につく程度である。

（3）民族主義者から世界主義希求者へ―孫文像の変化

天安門事件に際して噴出した中国の現状への批判は、陳舜臣の心の底に沈殿したままであった。それは、明示はされないが、陳舜臣のそれまでの中国近現代史像の再構築へと至る。そしてそれは、孫文像（同時代の人々への見方）の変化を伴うものとなる。民族主義から世界主義へ、である。

＊野嶋剛（二〇二三）は、天安門事件とその後についての陳舜臣の対応について次のように書いている。

「陳舜臣の作家人生において、ここまで政治的にはっきりと主張する行動をとったことは最初で最後だった。よほど我慢ならないことだったのだろう。

その後、陳舜臣は天安門事件について公の場で触れていない。黙して語らず。沈黙に込めたものは怒りか、諦めか。…。

陳舜臣は、一度は心を許しかけた中華人民共和国に対する急転直下の失望によって、三度目の

「祖国喪失」を経験した、と言えるだろう。…。
天安門事件、そして大病、大震災を経て、陳舜臣の創作は一つの方向転換を迎えたのである。」
（二六九〜二七一）

示唆的である。

天安門事件のころから陳舜臣は、孫文の理想を「大同」という言葉にかけて示すようになる。一九九一年に出版した『中国の歴史　近・現代篇』4（二〇〇一e）は、「大同の夢」をタイトルとしている。辛亥革命により建国された中華民国に「大同の夢」の実現を込めてのものである。この本の最終章「五色旗の下で」において、陳舜臣は康有為の「大同書」について詳説している。もちろん、実際の政治運動において康有為がとった「開明専制論」や「張勲の復辟」への参加などには旧前のように厳しい批判を加えつつも、その「大同思想」については政治家のもつべき「理想」としてこれを高く評価した。

「人間社会は究極するところ、「大同」にむかっているとする康有為の学説は、尚古主義が主流であった中国にあっては、画期的なものだったのであった。…。

復古ではなく改革が儒の精神であるとする。したがって、理想社会は過去にあるのではなく、未来にあるのだ。…。歴史の流れは、「拠乱」「昇平」「太平」へと進み、その先に「大同」の社会がある。その社会は国界を去って大地を合す、というから国境も国籍もない、一種の世界国家から始まり、…「人境を去りて仙仏の境に入る」にいたる。――これが康有為の「大同」説である。」（三二一三）

そしてこの康有為の「大同」説と孫文の思想との連関について陳舜臣は次のように書いている。

「揮毫を頼まれると、孫文はたいてい「博愛」の二字もしくは「天下為公」（天下を公と為す）の四字を書いた。これは康有為の『大同書』にいう大同社会への夢を託したことばである。大同の社会にいたるまでの「昇平」（『礼記』にいう「小康」）の時代では、まだ君主が天下を私有し…。

揮毫のさいに孫文がえらんだのは、究極的な理想である大同にかかわりのあることばであった。「博愛」という句の初出は、戦国期の『孔経』であるらしいが、「天下為公」は『礼記』礼運篇で、康有為がまさにその注を作った（『礼運注』）のであり、孫文は原典ではなく、その注でこの句を知ったにちがいない。…。

現在では夢物語にすぎないが、政治にたずさわるもの、とくに革命家にとっては、つねに抱きつづけなければならない夢である。…。

康有為から思想的影響を受けた孫文も、公羊学派の傍流といってよいかもしれない。」（三二七～三二八）

「博愛」「天下為公」から、孫文の「大同」思想の成り立ち、そして康有為の「大同」思想との関連が強調されるようになった。康有為が「開明専制論」へと「後退」したことへの批判は持続されたが、むしろ「大同」思想の提唱者としての康有為という評価へと変化したと考えられる。康有為は「頼りすぎた男」ではなくなっている。

＊柄谷行人（二〇〇六）は、カントから「世界共和国」の構想を導いているが康有為『大同書』についての言及はない。

では梁啓超についてはどうか？

神戸中華同文学校創立百周年に際して、陳舜臣が書いた文章をみてみよう（神戸中華同文学校：二〇〇〇）。

陳舜臣は、この文を、同文学校創設の「提唱」者梁啓超から書き始めている。一八九八年の戊戌政変で日本に亡命し、「逮捕されておれば、間違いなく死刑になった人物」としてである。

「清国にとっては反逆者である梁の提案によって、わが同文学校がつくられたことは、銘記されてよいことであろう。時の権力者に迎合しない気骨を、私たちの先輩はもっていたのである。辛亥革命に先立つ十余年前、私たちの先人たちは、時代の流れをはっきりと見ていた。」（三二）

陳舜臣は、ここで「反逆者である梁」に託して、一〇〇年後の今日、子どもたちに何を呼びかけようとしたのであろうか。「追い越されるジャーナリト」としてではなく「時の権力者に迎合しない気骨」ある「先輩」、梁啓超という評価である。天安門事件への批判と重ねてみた時、この梁啓超像はどう読みとればよいのだろうか。

この寄稿文で陳舜臣は、続けて「民族」という言葉を取り上げ、これまでは「民族」と「民族」の間には「深い溝が存在していた」が、今やその溝は埋められ、「グループの出身を意味するていどのもの」、「張姓と李姓のちがいにすぎなくなる。」これからは、それぞれが「地球の住民」として責任を分担することになろう。「地球の一成員として、地球に貢献する」ようにならなければならない。これからは「ボーダーレス社会への第一歩」になるのであり、「地球人の責任」である、と。これこそ中華五千年来の夢、「大同」世界という「夢」であろう。

「大同」は、「世界主義」という言葉、孫文の「理想」を表す言葉として語られるようになる。

一九九八年、ハワイに「孫文の足跡」を訪ねた陳舜臣は、青年孫文に「世界主義」への一つの起点を確認している。

「理想主義的傾向の強い孫文は、当然、世界主義者でなければならない。彼自身もそうなりたいが、なってはならぬと言っている。

「世界主義は虐げられた民族の説くべきものではない。われわれ虐げられた民族はまずわが民族の自由平等を回復し、そのあとはじめて世界主義を言う資格をもつ。」

これは、一九二四年、死の一年前に五八歳の孫文が広州の高等師範（のちの中山大学）において行った「三民主義」の講演の一部である。

生来のコスモポリタンである孫文が、なぜ民族主義にこだわったのかという謎がここに解明されている。」（陳舜臣 一九九八）

ここで孫文は「生来のコスモポリタン」と見なされている。長編歴史小説『桃源郷』（集英社、二〇〇一）に付せられた稲畑耕一郎氏との対談の中では、陳舜臣はこう語っている。

「世界は同じだ、という気持ちのほうが強くなってきているんですよ。

――（稲畑）一種の世界主義ということですか？
陳　そうですね。」
「孫文は民族主義を唱えました」が「本心は、世界主義者なんです」といい、さらに二一世紀の中国についても
「中国はずいぶん変わるとおもいますね。やはり、もっと大きなエリアの中のひとつとして、生きていくんじゃないでしょうか、そういう兆《きざ》しが、今、ちょっと現れてきているような感じがしますね。」
「民族国家は、解体するんじゃないですか、今世紀で……」（二〇〇一ｇ：七四四〜七四五）
全地球規模での「桃源郷」の実現、これが陳舜臣の後代へのメッセージとなった。（七四六）
宗教学者山折哲雄氏との対談のなかでも民族主義と世界主義の関連についてふれながら、「大同思想」の重要性について次のように語っている。

「孫文の三民主義のひとつは民族主義だ。その中に「大同の治」というユートピア思想がある。彼がいつも言うのは「天下を公となす」。これは天下は全部のものだという一種の民主主義だ。そして民族主義はその中にある。民族主義が広がると自然に世界主義になるという考え方だ。しかし、力のないものが民族主義を唱えても仕方がない、だからがんばる、というのが三民主義だ。基本に「大同思想」という哲学がなければ、民族主義はだめだという。」（二〇〇四：一七七〜一七八）

＊孫文の「民族主義」と「世界主義」については吉澤誠一郎（二〇〇五）参照。

（4）「慟哭の世紀」

二一世紀を迎えて陳舜臣は、自らの歩んできた跡を振りかえるようになる。

二〇〇〇年二月、陳舜臣は、「慟哭の世紀」というエッセイを発表している。これは、最初は雑誌『文藝春秋』臨時増刊号の特集「私たちの生きた20世紀」の中の「わが家の百年」の巻頭文として書かれたもので、その後、二〇〇三年刊の『神戸　わがふるさと』（講談社）に収録されたが、このエッセイは、ここでも巻頭を飾っている。以下は、この本の文庫版（二〇〇七）によって話を進めたい。

陳舜臣は、このエッセイの結びのところで、戦後台湾に一時帰った際できた友人の一人「C君」

について、彼がかつての許婚者と東京で再会した時の話を綴っている。C君とその許嫁の二人は一九四九年、台湾で婚約したが、その後すぐC君は大陸に渡った。しかし、C君は、中国革命の急展開の中で台湾に戻れなくなり、二人はそのまま大陸と台湾の間で分かれわかれとなり、長い「通信途絶」の間にそれぞれが新しい伴侶を迎えるにいたった。その二人は四〇年ぶり（一九九〇年？）に東京で再会した。

「「私はその場にひれ伏しました。」と、C君は言っただけである。そのあと慟哭があったにちがいない。二十世紀は慟哭の世紀であったのだ。」（一四）

と陳舜臣は記している。なお、「C君」は、稲畑耕一郎氏との対談（二〇〇一ｄ：五二二）では「陳弘君」、『道半ば』（二〇〇三：三三二）では「新華社の陳さん」と明かされている。

このエッセイ「慟哭の世紀」は、先述のように「わが家の百年」を語るものとして書かれたものだが、「慟哭の世紀」は陳家だけでなくこの二〇世紀を生きてきた多くの人々にとって共通するものだったといえよう。陳舜臣はまた、「私の故郷」、神戸の二〇世紀に思いをはせ、特に、一九三八年七月の「大水害」、四五年の「アメリカ空軍による空襲」、そして九五年一月、脳内出血から退院して四日目、大地震に遭遇したことに触れつつ、「多くの人に援けられ、私は慟哭の世紀を生き抜いている。」と結んでいる（一五）。

陳舜臣は、一九九五年一月の阪神・淡路大震災の直後、

「神戸市民の皆様、神戸は亡びない。新しい神戸は、一部の人が夢みた神戸ではないかもしれない。しかし、もっとかがやかしいまちであるはずだ。人間らしい、あたたかみのあるまち。自然が溢《あふ》れ、ゆっくり流れおりる美《うる》わしの神戸よ。そんな神戸を、私たちは胸に抱きしめる。」（「神戸よ」『神戸新聞』一九九五年一月二五日）

と「新しい神戸」を描き示して人びとを奮い立たせた。しかし今日、陳舜臣の夢みた「美わしの神戸」は何処に、「慟哭の世紀」はまだ終わっていないようだ。

むすび

陳舜臣が孫文と神戸との関わりについて触れた最初は、一九六五年三月一二日、孫文没四〇周年を

記念して『神戸新聞』に寄せた文章「孫文と神戸―巨星堕ちて満41年」であろう。「巨星堕ちて」の言葉は、一〇年後の毛沢東の死去に際しても用いることになる。この文章で陳舜臣は、一九一三年八月の亡命・神戸上陸の話とともに、二四年一一月の「大アジア主義」講演について次のように書いていた。

「聴衆に向かって孫文は、反帝国主義と日中両国の団結を説き「西方覇道の鷹犬（ようけん）となるか、東方王道の干城となるか、諸君ら日本国民が慎重にえらぶべきだ」と結んだ。彼は心のなかで、最後には日本も後者の道をえらぶものと楽観していた。」

三〇余年後、『山河在り』中（一九九九）のなかでは、最後の来日と「大アジア主義」講演についてさらに詳述している。ここで陳舜臣は、李烈鈞の感想という形で、

「格調が高すぎるとだめなんだ、この国では。…。中国人の心のありか、それがつもって力となり、いまどこに中国の力の中心があるのか、そんなかんじんなことについては、まったく無知だといってよい。…。さて、総理［孫文］の言わんとすることが、どれほどわかったかな？　それに今日の総理は遠慮しすぎという気がする。客としての礼儀を考えてのことだろうが。…。」（一七二）

ここで陳舜臣はさらに、『東亜日報』記者、尹洪烈の、孫文の講演に朝鮮問題への言及がなかったことへの不満と要望、ジャパンクロニクル紙による批判なども紹介している。

＊この講演については、拙稿（一九八五）を参照されたい。

さて、先に紹介した山折哲雄との対談の中で陳舜臣は、続けてこう述べていた。

「実は、孫文が神戸で演説した一九二四年に、私は生まれている。その時、孫文は日本に課題を与えた。「覇道でいくか、王道でいくのか」。覇道は強い者が勝つ道、王道はみんな一緒に進む道。日本は「覇道」を選んだ。孫文が我々に残したのは、民族主義をいかに超えていくか、ということだと思う。」（一七八）

そして小説『青山一髪』（二〇〇三）のあとがきを、次のように締めくくっている。

「孫文と日本の友人たちとの友誼は、この小説の一つのテーマである。…。
政府よりも民間の人とのほうが、濃密な関係を結んでいたのが特徴であろう。孫文は本質的には国際人であったが、中国が弱国であるかぎり民族主義者にならざるをえないと述べている。

孫文は中国が列国と肩をならべるようになれば、民族主義をすて、世界人として、のびやかに日本人と友情をたしかめ合えると思っていたにちがいない。

この小説が書かれているころの孫文は、かなり楽観的であったようだ。しかし、これからのち、時代はしだいにきびしくなる。

それが歴史の流れであったのだ。

二〇〇三年一〇月十五日　陳舜臣」(三三五～三三六)

二一世紀の初め、陳舜臣は中国の動向に変化の「兆し」を感じ、それに期待を寄せていた。陳舜臣がこの「あとがき」を記してからすでに二〇年、この世を去ってからも早や九年を迎えた。神戸では、陳舜臣生誕一〇〇年と孫文「大アジア主義」講演一〇〇年を迎えている。しかし、「時代はしだいにきびしく」「慟哭の世紀」は終わりを見せていない。孫文、そして陳舜臣が夢見た「大同」の世界はまだまだ先のようだ。

◎参照文献

（1）陳舜臣作品（本文で言及したもの）

一九六一『枯草の根』（講談社）

一九六二『三色の家』（講談社）

一九六五「孫文と神戸─巨星堕ちて満41年」（『神戸新聞』三・一二、『よそ者の目』講談社、一九七二、に収録）

一九六七『阿片戦争』（講談社）

一九七二『よそ者の目』（講談社）

一九七六a「歴史をみる毛主席」（『朝日ジャーナル』九・二四）

一九七六b「詩人教師毛主席」（『現代』一一）

一九七六c『炎に絵を』（文春文庫、初出：『オール読物』一九六六・五～八）

一九八一『江は流れず　小説日清戦争』（中央公論社、初出『歴史と人物』一九七七・六～一九八〇・一一）

一九八六『中国の歴史　近・現代篇1　黄龍振るわず』（平凡社、『陳舜臣ライブラリー　4』二〇〇一、に収録）

一九八七『中国の歴史　近・現代篇2　落日に立つ』（平凡社、『陳舜臣ライブラリー　4』二〇〇一、に収録）

一九八八a『太平天国』（講談社）

一九八八b『中国の歴史　近・現代篇3　黎明に燃ゆ』（平凡社、『陳舜臣ライブラリー　5』二〇〇一、に収録）

一九八九a「権力の奈落　目前の命救わねば」（『朝日新聞』六・六）

一九八九b「天安門惨劇を『専制』葬送の号砲に」（『毎日新聞』六・一〇）

一九八九c「黒い男─中国の変革と若者たち」（『河北新報』七・七）

一九八九d「血で書かれた事実は隠せない─歴史に照らして」（『文藝春秋』八）

一九八九e「ああ老独裁者に血ぬられた母国の民よ─中国四〇〇〇年の教 訓はどこへ」（『現代』八）

一九八九f「時をこえた孫文の著作─『選集』全三巻完成に思う」（『朝日新聞』一〇・二四）

一九九一『中国の歴史　近・現代篇４　大同の夢』（平凡社、『陳舜臣ライブラリー５』二〇〇一、に収録）
一九九三『青雲の軸』（集英社、初出：『蛍雪時代』一九七四・一〇～七一・三、後に旺文社より単行本化、一九七四）
一九九五「神戸よ」（『神戸新聞』一・二五）
一九九八「孫文の足跡を訪ねて　ハワイで学んだ自由平等」（『毎日新聞』七・一二）
一九九九『山河在り』中（講談社、初出：「秋の送別」「山河在り　特別書下ろし作品」第15回、『陳舜臣全集15　江は流れず　小説日清戦争』講談社、一九八七）
二〇〇〇「神戸中華同文学校創立百周年に寄せて」（神戸中華同文学校百年校慶慶祝委員会編『建校100周年紀念冊』）
二〇〇一ａ「「頼りすぎた男・康有為」（『陳舜臣中国ライブラリー４　中国の歴史　近・現代篇１・２』集英社、初出：『朝日アジアレビュー』朝日新聞社、一九七四、後に『中国近代史ノート』朝日新聞社、一九七六）
二〇〇一ｂ「追い越されるジャーナリスト・梁啓超」（『陳舜臣中国ライブラリー４　中国の歴史　近・現代篇１・２』集英社、初出：『朝日アジアレビュー』朝日新聞社、一九七五、後に『中国近代史ノート』朝日新聞社、一九七六）
二〇〇一ｃ「アジアの解放　アジア思春期の二巨人」（『陳舜臣中国ライブラリー４　中国の歴史　近・現代篇１・２』集英社、初出：『ビジュアル版世界の歴史』第一六巻月報、一九八五、講談社、初刊『東眺西望』講談社、一九八八）
二〇〇一ｄ「自作の周辺」（『陳舜臣中国ライブラリー４　中国の歴史　近・現代篇１・２』集英社）
二〇〇〇ｅ「香港」（『陳舜臣中国ライブラリー５　中国の歴史　近・現代篇１・２』集英社）
二〇〇一ｆ「自作の周辺」（『陳舜臣中国ライブラリー９　夢ざめの坂』集英社）
二〇〇一ｇ「自作の周辺」（『陳舜臣中国ライブラリー30　桃源郷』集英社）
二〇〇二『青山一髪』（中央公論新社、初出：『読売新聞』朝刊、五・二三～〇三・六・二二）
二〇〇三ａ『陳舜臣読本　Who is 陳舜臣？』（集英社）
二〇〇三ｂ『道半ば』（集英社、初出：「戦い終わる　一」「第一四回　二〇〇〇・六」
二〇〇四ａ「私の履歴書」（『日本経済新聞』六・一～六・三〇）

二〇〇四b『陳舜臣対談集　歴史に未来を観る』（集英社、初出：「山折哲雄との対談：文明が出あうとき」下『朝日新聞』大阪版夕刊、二〇〇二・一・一九）
二〇〇六『孫文』（文庫、中央公論新社、原題「青山一髪」）
二〇〇七「慟哭の世紀」（文庫本『神戸　わがふるさと』講談社、初出：『文藝春秋』臨時増刊号、二）
二〇一〇「わが心の自叙伝」（『神戸新聞』二〇一〇・一〇・二四～一一・六・二六、後に『神戸ものがたり』神戸新聞総合出版センター、二〇一七、収録）
二〇一七『天空の詩人　李白』（講談社）

（2）その他

石川禎浩　二〇一六『赤い星は如何にして昇ったか　知られざる毛沢東の初期イメージ』（臨泉書房）
伊地知善継・山口一郎　一九八五『孫文選集』全三巻（社会思想社）
稲畑耕一郎　二〇〇七『境域を越えて　私の陳舜臣論　The World Will Be As One』（創元社）
エドガー・スノー　一九六二『新版・中国の赤い星』（筑摩書房）
斯諾　一九三八『西行漫記』（復社）
大阪・神戸・京都・滋賀・奈良・和歌山・三重華僑総会　一九八九　共同「声明」六・六（『関西華僑報』号外、六・一〇）
岡野翔太（葉翔太）二〇二四『二重読みされる中華民国　戦後日本を生きる華僑・台僑たちの「故郷」』（大阪大学出版会）
柄谷行人　二〇〇六『世界共和国―資本＝ネーション＝国家を越えて』（岩波新書）
康有為　一九〇二『大同書』（全部の刊行は一九三五）
国務院僑務弁公室責任者　一九八九「談話（七・一七）」（『関西華僑報』（八・二五）
周婉窈　二〇一三『図説　台湾の歴史』増補版（邦訳、平凡社）
武上真理子・安井三吉　二〇〇八「インタビュー　孫文記念碑「天下為公」誕生の歴史を訪ねて」（『孫文』第2号）

橘雄三　二〇二〇『陳舜臣さんを語る会通信』第1（二〇二〇・三）～第116号（二〇二四・五、続刊中）
橘雄三　二〇二四『陳舜臣さんを語る通信』第114号
野嶋剛　二〇二三『日本の台湾人―故郷を失ったタイワニーズ』（ちくま文庫、初刊『タイワニーズ―故郷喪失者の物語』小学館、二〇一八、を加筆・改題）
狭間直樹　二〇一六『梁啓超　東アジア文明史の転換』（岩波現代全書）
宮本近志・芦沢孝作編　二〇〇一「年譜」（『陳舜臣中国ライブラリー　30 桃源郷』集英社）
毛沢東　一九三九「『共産党人』発刊の辞」（『毛沢東選集』人民出版社、一九六六）
毛沢東　一九三九「中国革命と中国共産党」（『毛沢東選集』人民出版社、一九六六）
毛沢東　一九四〇「新民主主義論」（『毛沢東選集』人民出版社、一九六六）
安井三吉　一九八五「講演「大亜細亜問題」について―孫文と神戸（一九二四年）―」（『近代』六一）
安井三吉　二〇一〇「神戸華僑歴史博物館と孫文「天下為公」碑」（神戸大学大学院人文学研究科海港都市研究センター『海港都市研究』第5号）
梁啓超　一九〇二「新中国未来記」
吉澤誠一郎　二〇〇五「孫中山における民族主義と世界主義」（『孫文研究』38号）

関連年表（1840～2015）

西暦	元号	日本・中国・世界	神戸
1840	天保11	アヘン戦争	
1842		南京条約	
1851	嘉永4	太平天国・金田蜂起（～64）	
1854	安政元	日米和親条約	
1855			呉錦堂（浙江省）誕生
1861	文久元		麦少彭（広東省）誕生
1863			三上豊夷（福井県）誕生
1866	慶応2		孫文（広東省）誕生
1868	明治元	明治改元	兵庫（神戸）開港、兵庫県発足
1871	4	日清修好条規	
1872	5		王敬祥（福建・金門島）誕生
1875	8	日朝修好条規	
1878	11		清国駐神戸理事府開設
1879	12	廃琉置県（琉球処分）	
1881	14		楊寿彭（横浜）誕生
1888	21		南京町の名称、新聞に登場
1889	22	大日本帝国憲法公布	神戸市発足
1891	24		清・北洋艦隊来神
1893	26		神阪中華会館竣工
1894	27	日清戦争勃発。孫文、ハワイ興中会結成	

1895	28	日清講和条約。広州蜂起。	孫文、神戸へ
1898	31	戊戌政変	康有為・梁啓超、日本へ亡命
1899	32		居留地撤廃・内地雑居。神戸華僑同文学校開校
1900	33	義和団、北京へ	
1904	37	日露戦争勃発	
1905	38	日露講和条約、韓国「保護」条約	孫文、中国同盟会結成（東京）
1906	39		梁啓超、須磨へ移住（双濤園）
1907	40	幸運丸事件（広東）	
1909	42		神戸中華商務総会創設
1910	43	韓国「併合」	麦少彭没
1911	44	辛亥革命（武昌蜂起）	中華民国僑商統一聯合会結成
1912	大正元	中華民国建国、清帝退位	本庄繁、孫文らと交流（上海）
1913	2	中国・第二革命	国民党神戸交通部結成。孫文、来神（3月）。孫文、日本亡命（8月）
1914	3	第一次世界大戦勃発	中華革命党結成、華強学校開設
1915	4	21か条要求。袁世凱没。第三革命	中華革命党神戸大阪支部結成
1917	6	ロシア革命	日支（日華）実業協会結成、陳徳仁（神戸）誕生
1919	8	パリ講和会議。コミンテルン結成。三一運動、五四運動、中国国民党結成	中華学校開設
1921	10	中国共産党結成	
1922	11		王敬祥没。中国国民党神戸支部結成
1923	12		関東大震災
1924	13	中国国民党一全大会	陳舜臣（神戸）誕生、孫文「大アジア主義」講演

西暦	元号	日本・中国・世界	神戸
1925	14		孫文没。林同春（福建省）誕生
1926	昭和元		呉錦堂没
1928	3		華強学校・中華学校統合して神阪中華公学へ
1931	6	柳条湖事件（日中一五年戦争）	
1937	12	盧溝橋事件	在日国民党弾圧事件
1938	13		楊寿彭没。神戸華僑新興会設立。神戸大水害
1939	14		中華公学と神戸華僑同文学校統合、神戸中華同文学校に改称
1940	15	汪兆銘政権樹立（南京）	
1941	16	コタバル・真珠湾攻撃（アジア太平洋戦争）	
1942	17		三上豊夷没
1944	19		神戸華僑行商弾圧事件
1945	20	日本降伏。台湾、中華民国へ（光復）	神戸大空襲、中華会館、同文学校、関帝廟焼失。本庄繁自決
1946	21		神戸華僑総会結成
1947	22	二・二八事件（台湾）	
1948	23		移情閣に「天下為公」碑建立
1949	24	中華人民共和国建国。国民政府、台湾へ	
1950	25	朝鮮戦争勃発	
1952	27	サンフランシスコ講和条約発効、日華平和条約	出入国管理令改正
1959	34		神戸中華同文学校新校舎落成
1960	35	日米安保条約改定	

1964	39	ベトナム戦争激化	
1965	40		孫文生誕百年記念祭（大倉山）
1966	41	「文化大革命」始まる（～七六）	孫中山紀念館建設運動。兵庫県学術代表団訪中
1972	47	沖縄復帰、日中国交正常化・日台断交	
1975	50	蔣介石没	
1976	51	毛沢東没	神戸華僑総会「正常化」
1979	54		神戸華僑歴史博物館創設
1983	58		孫文研究会創立
1984	59		孫中山記念館（孫文記念館）創設、移情閣友の会創立
1987	62		南京町・第一回春節祭。神戸華僑研究会創立
1988	63	蔣経国没、李登輝総統就任	
1989	平成元	天安門事件	
1991	3	台湾・憲法改正。ソ連邦崩壊	
1995	7	阪神・淡路大震災	
1998	10		陳徳仁没
2000	12		山口一郎没
2001	13	中国、WTO加盟	
2007	19		第九回世界華商大会（神戸・大阪）
2009	21		林同春没
2011	23	東日本大震災	
2015	27		陳舜臣没

◎初出一覧

序章　誰も気づかなかった孫文最初の来神　～一八九五年一一月～

「孫文―その来神をめぐる二、三のこと」（『兵庫のペン』15号、一九八一年八月）一部補訂

第一章　孫文を迎えた人々

1　〝中山の大業は必ず成就すべし〟―三上豊夷

「三上豊夷（1863―1942）福井」（『孫文研究』42号、二〇〇七年九月）を一部補訂

2　二人の楊寿彭

「楊寿彭と孫文」（『孫文研究』46号、二〇〇九年九月）の前半を一部補訂

3　呉錦堂・王敬祥・楊寿彭

「楊寿彭と孫文」の後半と「大正時代の神戸華僑―呉錦堂・王敬祥・楊寿彭を中心として」（陶徳民・藤田高夫編『近代日中関係人物史研究の新しい地平』関西大学アジア文化交流研究センター、二〇〇八年二月）を統合、再構成。

コラム1　孫科への弔電―本庄繁（書きおろし）

第二章　孫文を語りついできた人々

1　舞子の「天下為公」碑―元山清と池田豊

武上真理子・安井三吉「インタビュー　孫文記念碑「天下為公」誕生の歴史を訪ねて」（『孫文』第2号、二〇〇八年一二月）と「神戸華僑歴史博物館と孫文「天下為公」碑」（神戸大学大学院人文学研究科海港都市研究センター『海港都市研究』第5号、二〇一〇年三月）を統合、再構成

2　神戸華僑歴史博物館と孫文記念館の創設―陳徳仁

「陳徳仁先生を憶う」（『孫文研究』24号、一九九八年七月）を一部補訂

コラム2　「孫文と神戸」研究の先駆者―飯倉照平（書きおろし）

3　平和と友好―林同春

「林同春さんを思う」（『神戸新聞』二〇〇九年一一月二四日）を一部補訂

4　神戸華僑華人研究会―山口一郎と長谷川善計

「山口先生と神戸華僑華人研究会」（『孫文研究』29号、二〇〇一年一月）を一部補訂。

第三章　「大同の夢」を求めて―陳舜臣の孫文像

書きおろし

あとがき

陳舜臣さんにお目にかかったのは、たしか山口一郎先生に連れられて、神戸大学に近い伯母野のご自宅をお訪ねしたとき、後にも先にもその一度だけです。ですから陳舜臣さんなどとさんづけでお呼びするのはなれなれしすぎるとは重々承知しています。ただ、この一年、陳さんの生誕一〇〇年企画を進めるうえでご一緒させていただいた「陳舜臣さんを語る会通信」編集長の橘雄三さんやプラネットＥａｒｔｈ（アース）の宮崎みよしさんが、いつも陳舜臣さん、陳舜臣さんと言われるのでそれに感化されたのでしょう、私も陳舜臣さん、陳さんなどと呼ぶのがごく普通になってきたのです。寛容な陳舜臣さんのことですからきっとご容赦下さるでしょう。一〇〇年企画でご一緒した後藤みなみさん（移情閣友の会）は台湾出身で、この点で陳舜臣さんと共通していますが、彼女は陳舜臣先生でした。私は、陳舜臣さんのことについては、研究者の端くれとして、すこし距離をおいて接したいと思ってきましたが、橘さんや宮崎さんらに影響されたようです。いずれにせよ、この一年、お陰様で陳舜臣さんの人と作品について結構勉強しました。「にわか陳舜臣」に変わりありませんが。

一九八〇年代以来、沢山の神戸華僑華人の皆さんが華僑の人と社会について案内して下さいました。お名前は失礼しますが、この場を借りてお礼申し上げます。

本書をまとめるに際し、残された資料のなかで、『現代アジアと孫文』というパンフが目にとまりました。二〇〇七年、神戸で開催された「第九回世界華商大会」のプレシンポジウムの記録集です。孫中山記念会の主催、兵庫県と県国際交流協会が共催、会場は兵庫県公館大会議室、写真を見ると広い会場を多くの人が埋めつくしています。主催者を代表して記念会理事長の貝原俊民さん（前兵庫県知事）と兵庫県知事の井戸敏三さんがそれぞれ挨拶され、基調講演は、小林陽太郎（富士ゼロックス）さんが「石橋湛山と宮澤喜一　そして孫文」と題して話されました。ディスカッション「現代アジアと孫文」では、渋沢雅英（渋沢栄一記念財団）、瀧川博司（兵庫トヨタ）、狭間直樹（孫文記念館）、季衛東（神戸大学）、谷野作太郎（元駐中国大使）の五名の方々がパネラーとして発言、五百旗頭真（防衛大学）さんがコーディネーターとして進行とまとめをされました。錚々たる顔ぶれといってよいでしょう（所属は当時のもの）。

ディスカッションは、神戸ということもあって、「大アジア主義」講演、それもやはり「王道」「覇道」を核とする孫文のメッセージをグローバル化の進むこれからのアジアや世界にどう生かして行くかという点をめぐってくりひろげられました。パンフを読み返していて、会議のトーンが民族主義を超えて世界主義へという陳舜臣さんの晩年の思いと多くの点で重なるものだったことに驚かされています。

今、時代は、二〇〇七年当時と比べていっそう厳しくなり、それだけに孫文の問題提起は切実さをよりまして来ているように思われてなりません。今秋迎える「大アジア主義」講演一〇〇年記念のさまざまな企画が、私たちが直面している課題に対して、多くの示唆を与えてくれることを期待しています。

おわりになりましたが、貴重な写真を提供して下さった宮崎黄石さん、三上隆さん、牧野博美さん、元山尚人さん、橘雄三さん、孫文記念館、神戸華僑歴史博物館、神戸中華同文学校、法律文化社、また、拙稿の本書への転載をお認め下さった関西大学アジア・オープン・リサーチセンター、神戸新聞社、孫文研究会、風呂本武敏さんに心よりお礼申し上げます。

神戸大学出版会、神戸新聞総合出版センターのみなさんは、いろいろと手を尽くしてよい本に仕上げて下さいました。ありがとうございました。

二〇二四年七月

安井　三吉

〔著者紹介〕

安井三吉　やすい・さんきち
1941 年 東京生まれ
1972 年 神戸大学講師（教養部）
2004 年 神戸大学名誉教授（国際文化学部）
＊孫文記念館館長、神戸華僑歴史博物館館長を歴任。

主要著書

『孫文と神戸』（共著、神戸新聞出版センター、1985、増訂版＝ 2002）
『盧溝橋事件』（単著、研文出版、1993）
『落地生根　神戸華僑と神阪中華会館の百年』（共編著、研文出版、2000、増訂版＝ 2013）
『神戸港　強制連行の記録　朝鮮人・中国人・そして連合国軍捕虜』（共編著、明石書店、2004）
『帝国日本と華僑　日本・台湾・朝鮮』（単著、青木書店、2005）

最近の論文

「中国 2050 の「夢想」」（『現代中国研究』43、2019）
「日中国交 50 年に寄せて　「知命」の「日中共同声明」」（『研究中国』16、2023）
「戦後日本の社会運動と華僑」（陳來幸編『冷戦アジアと華僑華人』風響社、2023）

孫文《そんぶん》　華僑《かきょう》　神戸《こうべ》

2024年8月30日　初版第1刷発行

著者―――安井三吉《やすいさんきち》

発行―――神戸大学出版会
〒657-8501 神戸市灘区六甲台町2-1
神戸大学附属図書館社会科学系図書館内
TEL 078-803-7315　FAX 078-803-7320
URL: https://www.org.kobe-u.ac.jp/kupress/

発売―――神戸新聞総合出版センター
〒650-0044 神戸市中央区東川崎町1-5-7
TEL 078-362-7140 ／ FAX 078-361-7552
URL:https://kobe-yomitai.jp/

印刷／神戸新聞総合印刷

落丁・乱丁本はお取り替えいたします

ISBN978-4-909364-31-9 C0021